シーカヤックで海を遊ぼう

ビギナーのためのトータルガイド

南国で乗るシーカヤックは、身体も心も笑ってしまうような楽しさだ。沖縄・慶良間諸島の海は美しく、暖かい。自分の乗ったカヤックの影が海底に映り、浮遊感を味わえる

シー

ようこそ、カヤックの世界へ

シーカヤックは、日常とは違う世界に連れていってくれる乗り物。一切の無駄を省いたこの美しい船に乗り込み、自分の力だけで大海原を漕ぎ進んでいく。南は熱帯の沖縄から、北は亜寒帯の知床半島にまでおよぶ日本は、バラエティに富んだフィールドを楽しめる稀有な国だ。自然との一体感を感じることができるスポーツとして、カナダやニュージーランド、イギリスでも人気がある。さあ、贅沢な時間を味わえるシーカヤックの世界へ案内しよう。

写真=西沢あつし

左：世界遺産の知床半島は、野生が野生として残っている日本最後の場所。この海を漕げば、シーカヤックの起源に思いを馳せることができるだろう。厳しい自然条件の中でのツアーは人気がある

右上：この岬を越えたら、どんな風景が広がっているのだろう。次の岬は、そしてその先の岬は……。そんなふうにして日本一周はできてしまうのだ

右下：東京から近く、週末はたくさんのシーカヤッカーが海に浮かぶ三浦半島。ショップやガイドも多く、体験イベントに参加したりビギナーが漕ぐにはうってつけの海だ

開放感の高いシットオントップのカヤックは、初心者でも無理なく遊べる。奄美大島・住用村のマングローブの林を抜けていく。近くの瀬戸内町では、毎年初夏にシーカヤックマラソンが開催される

上：たき火で料理を作り、暖をとる。都市に住んでいると、たき火はなかなかできない。フィールドに出たら、不便を存分に楽しもう

下：カナダ・クインシャーロット諸島のニンステンツ島に残る、ハイダ族のトーテムポール。あと何年こうして立っているだろうか。今は亡き民が見ていただろう、村の入り江からの風景も、シーカヤックからなら見ることができる

右：シーカヤックは自分の力で進んでいく乗り物だ。自然に対してローインパクトでもある。運が良ければ動物がすぐ近くに現れることも。カナダ西部のジョンストン海峡など、オルカやイルカの多い海ならば、それが現実味を帯びる

シーカヤックにはまってしまった人ならば、舟屋は理想の家の一つの形ではないだろうか。背後にある丹後の深い森は、すばらしい海をつくりだす

「シーカヤックからSLを見よう」と誘われ、房総半島へ。腹の底まで響きわたる汽笛の音とともに現れた、巨大な機関車に感動

上：自然の中だけを漕ぐのがシーカヤックじゃない。多少の覚悟は必要だが、都会を流れる川や運河もフィールドだ。ビル群を眺めながら、東京・佃島を漕ぐ

右：丹後半島・伊根の舟屋にも人々の生活がある。少し遠慮がちに漕ぐくらいがちょうどいい。声をかけてくれる人がいれば、積極的に話してみたい

右ページ：リアス式地形といえば、三陸海岸の代名詞。入り組んだ海岸線と高い断崖は冒険心を満たしてくれるが、逃げ場のない怖さもある。しかし、いったん内海に入れば平穏が待っている

photo by Shigehiko Yamagishi

左：シーカヤックを楽しむ僕らは、ウミガメにはこんなふうに見えるのだろうか。海に最も近付ける乗り物、シーカヤックには、海の動物も興味をもつ

下：シーカヤックなら、ボートでは行けない場所にも漕ぎ進んでいける。テーブルサンゴの森の上を漕ぐときは慎重に。天草諸島にて（写真提供＝ナダカヤックス）

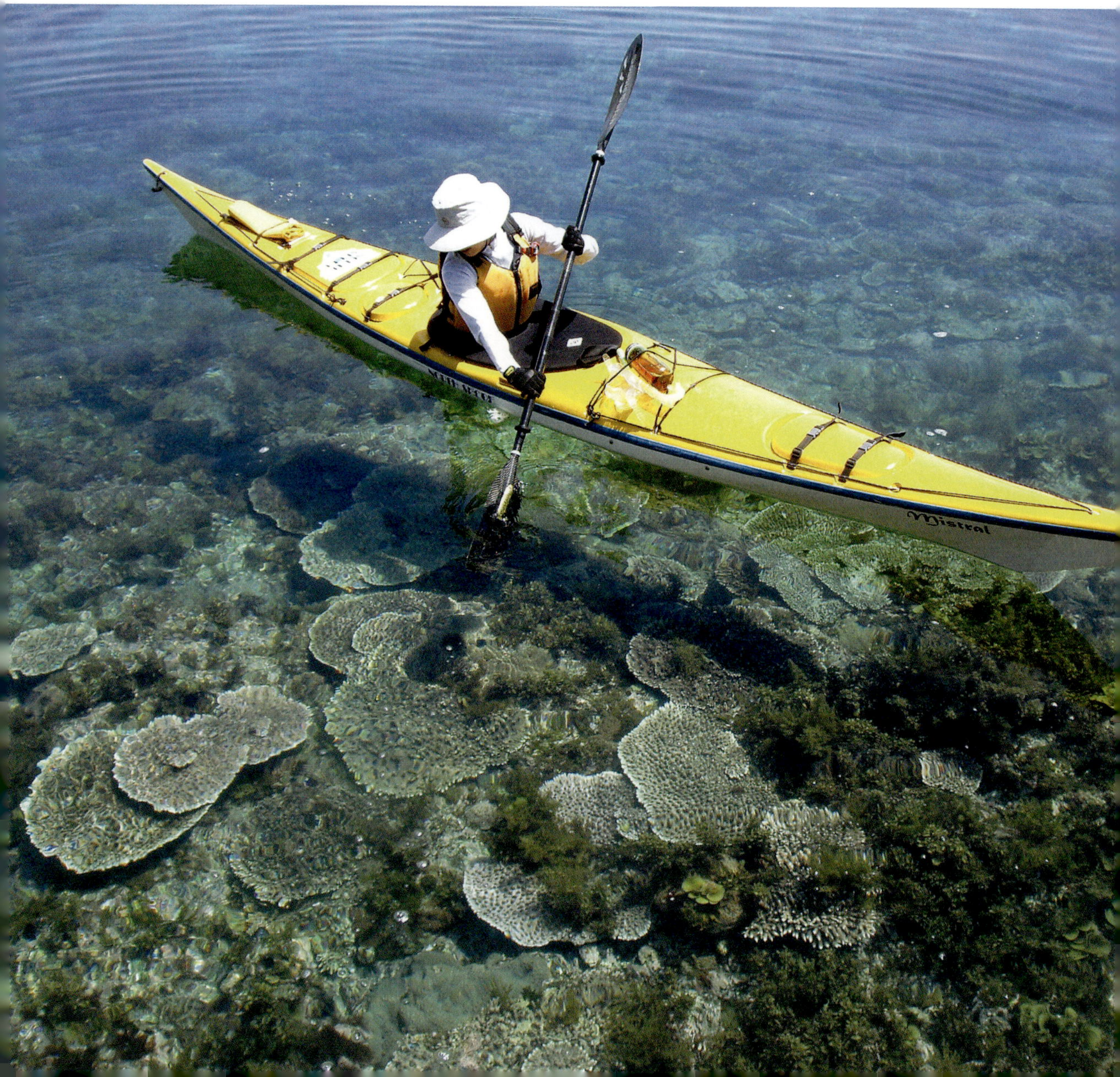

上：岩手県宮古市を訪れた帆船〈日本丸〉と対峙するスキンカヤック。古来からの手法で作られており、追求された機能は美しさとなって現れることを実感する

左：房総半島も関東有数のフィールドだ。外房には、美しいビーチの間に不思議な雰囲気を持つ岬が点在する。初心者であれば、内海の内房がおすすめ

左：遊覧船が走り出す前の、早朝のひとときを西伊豆の天窓洞で味わう。天に開いた自然の窓から朝の光をいっぱいに浴びる、贅沢な時間だ

右上：島々を渡ってきたパドリングの疲れを、天然のタラソテラピーで癒す。沖縄・慶良間諸島の海岸で、ちょうど人が入れる大きさのくぼみを見つけた

右下：雨が降った週末、いつもはない場所に滝ができていた。同じところでも、時によって風景が変わる。シーカヤックの面白さであり難しさでもある

沖縄・慶良間諸島の海は、一度訪れてみたい海だ。漕いでも泳いでも潜っても、マリンブルーに包まれる。何よりも暖かいのがうれしい

目次
Contents

18　　はじめに

Chapter 1
19　シーカヤックを始める前に
　　20　シーカヤックに乗って海に出よう！
　　24　シーカヤックの種類と遊び方

Chapter 2
31　揃えたい装備とウエア
　　32　楽しむために揃えよう シーカヤックの装備
　　38　海を快適に楽しむ ウエアリング

Chapter 3
45　海上で必要なスキル
　　46　進む、曲がる、止まるを身に付ける パドリングテクニック
　　66　海で起きる現象と障害物
　　72　針路を定めるナビゲーション

Chapter 4
81　海を味わうツーリング
　　82　実践！シーカヤックで行く週末キャンプツーリング
　　89　ツーリングに必要なキャンプ装備
　　96　カヤックに荷物を積む パッキング術
　　98　カヤックを海まで運ぶ トランスポーター

Chapter 5
103　シーカヤックで遊ぼう
　　104　シーカヤックの遊び方いろいろ
　　107　親子で楽しむシーカヤック

Chapter 6
111　日本全国フィールドガイド
　　136　全国のビルダー、インポーター一覧
　　137　全国のガイド、ショップ一覧
　　142　あとがき

はじめに

　海の上を自分の力で漕ぎ渡っていくシーカヤック。「あんなに小さくて細い船なのに、ひっくり返らないの？」と思うかもしれないが、実際に乗ってみると想像以上に安定した乗り物で、さほど力を使わなくても海の上をスイスイ進んでいくことに驚くはず。そして、海面から数十cmの高さから見る景色に新鮮さを覚えると同時に、身を包む風の香りや暖かさ、耳に入ってくる音など、普段とはまったく違う世界が広がっていくことを実感するだろう。

　本書は「今年こそシーカヤックに挑戦するんだ！」と決めた方はもちろん、「海辺で見かけたけれど、どうやったら乗れるんだろう。どこで、どんなふうに遊べるんだろう」と、まずは情報収集をしたい方にも、ぴったりのノウハウを集めて構成している。

　シーカヤックにはさまざまな遊び方があり、最初から道具を一式揃えなくても始められる。本書を読んでコツを知っておけば、もっと身近なスポーツとして、気軽に始めることができるのだ。

　せっかく周囲を海に囲まれている日本に住んでいるのだから、シーカヤックを使って海を存分に楽しもう。

CHAPTER 1

シーカヤックを始める前に

シーカヤックってどんなもの？ どんなところに行けるの？ やってみたいけど、どうやって始めればいいんだろう……。この章では、そんな疑問に答えるとともに、それぞれのスタイルに合ったシーカヤックの選び方を提案していく。

シーカヤックに乗って海に出よう!

シーカヤックという全長5mほどの海用のカヌーに乗り、
パドルと呼ばれる櫂(かい)を使って海の上をスイスイと進んでいく。
聞こえるのは、パドルが海面に落ちる音と、風が作り出す音だけ。
カヤックだからこそ入っていける小さな入り江に上陸して、しばしの休憩を取る。
そんな非日常を身近に体験できるものが、これから案内するシーカヤックの世界だ。

最初の一歩のために

　本書を手に取られた方は、「シーカヤックって、聞いたことはあるけど何だろう？」という人もいるだろうけれど、大方は「シーカヤックをやってみたいんだけど、どうすればいいんだろう？」という人たちではないだろうか。独特の世界だが、入るのが難しい世界ではない。時に優しく、時に厳しい海を、五感をフルに使って楽しむことができるシーカヤックは、海に囲まれた日本でこそ楽しまなければもったいない。

　不安であれば、ガイドやインストラクターの力を借りることもできる。本書には、とにかく最初の一歩を踏み出すための、もしくはガイドやインストラクターをうまく使って楽しむためのハウツーを詰め込んでいる。

シーカヤックって？

　「シーカヤックって何？」

　ほんの7、8年ほど前まで、「今シーカヤックにハマってます」と言うと、このように問い返されたものである。まれに新しいスポーツやレジャーとして新聞で紹介されても、たいていは欄外に解説が載っていたものだ。

　「海でやるカヌーみたいなもの」と答えるとイメージできる人もいたが、ほとんどの場合はさらに「ほら、両側に水かきがついた櫂を川で振り回している小さい船あるじゃん、あれの海版だよ」とまで説明して、ようやくわかってくれたものだ。

　しかし実は、カヤックのオリジナルは、リバーカヤックではなくシーカヤック。数千年前に、アリューシャン列島やグリーンランドに住む北の民

シーカヤックは見た目より安定性が良く、直進性が高い

すばやいレスポンスを得られるが、そのぶん不安定なリバーカヤック

族が、移動のための手段や海生動物を食料として狩るために作られた道具だったのである。それを欧米人が、ポリエチレンやFRPを使って現代の技術でよみがえらせ、スポーツとして発展させたのが今のカヤックなのだ。

日本にはいつ入ってきた？

日本にシーカヤックが入ってきたのは意外にも最近で、1980年代後半。その後、アウトドアブームに乗って全国に広がっていった。その頃は東京、中部、関西、九州と、各都市圏を中心に意欲的に活動するショップがあり、それぞれが自分たちの考え方に合ったカヤックの輸入販売と各種スクールを実施していた。

その後20年間に多くのショップやインストラクター、ガイドが各地に生まれ、日本でシーカヤックを楽しむことができる場所には、ほぼ確実にショップなりガイドが存在しているまでになった。

すさまじい波の中を漕ぎ進んでいく冒険的シーカヤックも、もちろん一つの側面ではあるが、海をゆっくりと漂うように漕ぐ、楽しむシーカヤックの方がはるかに一般的なのである。

本書のポジション

人力のみで大海原を漕ぐためには、それなりの技術や知識が必要だ。とはいえ知識だけがすべてではないし、ロールなどの上級テクニックがプールでできたとしても、それで技術が完璧というわけではない。最も重要なのは「経験」だ。知識も技術も、フィールドでの経験から手に入るものが本物である。その積み重ねが本当の意味でのスキルになっていくのだ。鶏と卵のような関係の両者であるが、知識量が経験量よりも多少でも上回っていれば、何か起きたときに対処できる選択肢が増えるだろう。

本書は、フィールドに出るためのイントロダクションとして、最低限の知識とより楽しく安全に遊ぶためのヒントを、現役のインストラクターやガイドの話も交えながらまとめたものだ。

だが、これらのハウツーも自然の中では絶対的な答えにはならない。海の状況一つで、さまざまな応用をしていかなければならないからだ。脅してしまったかもしれないが、それがシーカヤックの面白さでもある。

さあ、シーカヤックを始めよう

ここで、一般的なシーカヤックの入門コースを記しておこう。シーカヤックに適した場所には、たいていショップやガイドがいる（巻末のガイド、ショップリストを参照）ので、自分に合ったコースを選んで参加申し込みを行う。

シーカヤック体験コース、試乗会

まずはシーカヤックが自分に合っているかを、体験コースなどに参加して試してみよう。半日か

カヌーショーや展示会に足を運ぶと、さまざまなカヤックを目にすることができる

キャンプに特別な技術はいらない。自分のことができればOK

ら1日のコースで、だいたい1万円前後で参加できるところが多いようだ。とにかく海に浮かんでみたい、というのであれば、メーカーやインポーターが実施している試乗会に参加するのもいい。

夏や初秋など、多少濡れても苦にならない季節を選ぶことも大切だ。

どうしようか迷っているよりも、とにかくやってみたいという思いが強いのであれば、最初から初級者向けのテクニックレッスンを選んでしまうのもいいだろう。体験コースより長い時間シーカヤックに乗ることができる。

中〜上級者向けコースを受講するのは、自分のシーカヤックスタイルが決まってからでもいいだろう。

デイツーリング、キャンプツーリング

自分のカヤックがなくても、レンタル艇での参加もできる。シーカヤックの醍醐味はツーリングにあるといっても過言ではない。キャンプについても、テントを張る技術うんぬんよりも、野外で寝ることができるかどうかの方が重要だ。ガイドツアーで参加する限り、普通のキャンプができれば十分なのだ。

カヤックを購入、各地のガイドツアーに参加

シーカヤックはモデルによってクセがある。

シーカヤックを始める前に

ショップに出入りしたり、ツアーに参加していれば、さまざまな仲間ができるだろう

最初はレンタルのカヤックで十分だが、そのうちに自分のシーカヤックが欲しくなってくるだろう。自分のカヤックなら乗り慣れてくるので上達も早いし、クセが分かれば波や風などに対する反応もしやすいため安全度も増す。

だが、沖縄や知床半島など、気に入ったフィールドが遠方にある場合は、シーカヤックへ投資する分をそのフィールドでのガイドツアーに振り替える、という楽しみ方もあるだろう。ただし、ウエアやパッキング、できればパドルくらいは自分専用のものを揃えた方が、現地での準備やツアー中の遊びにも余裕ができる。

日本各地を旅する

日本は広い。亜寒帯の北海道から亜熱帯の沖縄までパスポートなしでいける珍しい国だ。自分のホームグラウンド以外に行く場合は、現地のガイドツアーに参加すると無理や無駄がなくそのフィールドを楽しむことができる。

いつも楽しんでいるフィールドでも、たまには新しいショップやガイドツアーに参加してみるのもいいだろう。日本のショップやガイドは、オーナーやインストラクター（ガイド）のキャラクターが良くも悪くも色濃く出ている。自分の楽しみ方や性格に合ったガイドを探すのも楽しい。

インストラクターの資格を取る

シーカヤックをとことんまでやりたい、シーカヤックに関わる資格を取りたい、というのであれば、日本セーフティカヌーイング協会（JSCA）や、日本レクリエーショナルカヌー協会で認定されている指導者資格を取得する道がある。

だが日本では、資格を取らなければインストラクターやガイドができないというわけではないし、逆に資格があるからといって順風満帆に営業ができるかというとそうでもない。

カヌー、カヤックの世界における各種の資格は、それぞれの協会のネットワークによって営業の機会も大きくなるし、選ぶ側にとってもガイドを決める指標の一つになるだろう。だが、あくまでも資格は自分が持つ技術力の目安程度と考えておこう。

●日本セーフティーカヌーイング協会（JSCA）
http://www.jsca.net/
●日本レクリエーショナルカヌー協会（JRCA）
http://www.j-rca.org/

注記：シーカヤックは、あくまでも道具。だからこれに乗って海に出ることを、シーカヤッキングという。本来なら「シーカヤッキング」という言葉を使うべきだが、日本では「シーカヤック」という言葉がこのスポーツそのものを指すことも多い。そのため、本書ではシーカヤックという表記を使用している。

シーカヤックの種類と選び方

カヌーとカヤックの共通点は、進行方向に対して前向きに座り、パドル（櫂）を使って漕ぐということである。
後ろ向きに座る船だと、公園などにあるローイングボートとなるわけだ。
カヌーとカヤックは、形状が異なるデッキやパドルの違いで分けることができる。
ここでは、カヤックの種類と用途別の選び方を紹介する。

カヌーとカヤックの違いって？

カヌーはデッキがオープンになっており、片方にだけ水かきが付いている、シングルブレードのパドルを使って漕ぐ。北米内陸部で川や湖を移動するために進化してきたカナディアンカヌーや、横転防止用のフロートが船体の横に付いている南国のアウトリガーカヌーなどがこれにあたる。

一方、カヤックはクローズドデッキになっており、パドルの両端にブレードが付いている。これは海水温が低い海で狩りをするための道具として進化した船だ。実際にカヤックに乗ってみればわかるが、真冬の海でもカヤックの中に入っている下半身は意外とあたたかく感じる（もちろん、きちんとしたウエアリングをしての話だ）。

なお、カヌーやカヤックが日本に入ってきたばかりのころは、このような区別はほとんどされていなかった。昔からシーカヤックを楽しんでいるグループには、現在も「シーカヌー」と呼んでいるところもある。

シーカヤックの起源

カヤックの仲間であるシーカヤックは、極北の民族の狩猟道具を現代の技術で再生したものだ。原型は大きく2種類に分けることができる。一つは、グリーンランドやアラスカ東岸をベースとし、イヌイットと呼ばれる民族が沿岸での狩りに使用し発展させた、小さく細身で機動性の高いタイプ。もう一つは、日本列島から続くアリューシャン列島からアラスカ西海岸までをベースにし、アリュートと呼ばれる民族が洋上での鯨などの狩猟や交易に使用していた、大型のカヤックだ。

現代のシーカヤックもこの源流を受け継ぎ、主にイギリスでデザインされたグリーンランドタイプと、アメリカやカナダでデザインされたアリュートタイプに分けられる。

これらのシーカヤックは、生活の必需品として生まれたわけではなく、「どのようにして遊ぶか？」という観点から生まれたものだ。しかし図らずも、アリューシャンタイプは北米が、グリー

オープンデッキのカヌー

クローズドデッキのカヤック

ンランドタイプはイギリスが主流というように、歴史的な断絶があったにもかかわらず、それぞれの海で使われていたタイプと同じものが、それぞれの起源に近い海で復活したのは興味深い。これはおそらく、各国を囲む海の状況が、古代の海の状況とさほど変わっていなかったからではないだろうか。

グリーンランド型
短距離、波や風が強い海域での狩猟用

原型

変化が大きく、激しい波の中で狩猟のために使うことを前提としており、細身で運動性能に優れている

現代

スポーツマインドを満載したものが主流の、イギリス系のカヤックに進化した。これはイギリスのメーカー、バリーのノードカップ

アリューシャン型
長距離航海、遠征向き

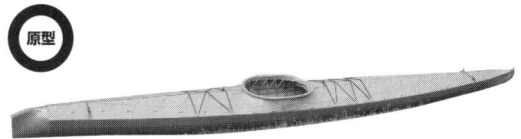

原型

安定性や直進性が高く、荷物を積みやすいデザインのものが多かった。移動の道具としての役割を果たしていた

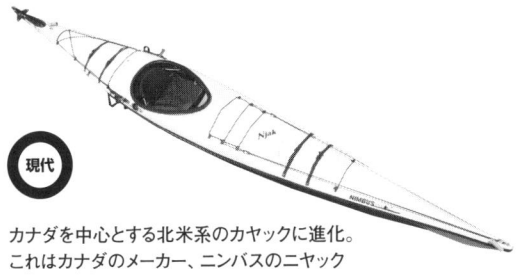

現代

カナダを中心とする北米系のカヤックに進化。これはカナダのメーカー、ニンバスのニヤック

日本から逆輸出？
折衷型の誕生

　日本にシーカヤックが入ってきたのは1980年代後半、本格的に販売が始まったのは90年代に入ってから。面白いことに、アリューシャンとグリーンランド双方のタイプがほぼ同時に入ってきた。シーカヤックに目を付け、輸入を始めた業者がそれぞれ契約したビルダーが、両者のカヤックを作る代表的メーカーだったわけだが、なぜか東日本には北米系、中部や関西にはイギリス系のビルダーが集中した。

　当時は愛好家も少ない上に、インターネットなどという情報交換の手段もなかったので、情報の発信はこのようなショップが中心となった。そのため、まるでオリジナルのカヤック文化のように、各地域に流行ができていった。ショップの考え方によって、地域独特のシーカヤック文化が育っていったのだ。

　そのうち、狭い国土と愛好家の活発な活動によって、二つのタイプの折衷型も出てきた。日本では、欧米人より小柄な日本人の体型にフィットしやすく、週末などを使って1〜2日、しかも沿岸沿いを漕ぐことが多い短期エンジョイ型が大半を占め、さらに見た目の良さでイギリス系のカヤックの人気が高かった。北米系シーカヤックビルダーが日本マーケット用に、イギリス系との折衷型を作ったりもしたのだ。

　そのような中、日本にもシーカヤックビルダーが現れ、日本のフィールドや日本人の体格、そして独特の使い方に合わせたカヤックを次々と発表しはじめ、独自の進化をとげていくようになった。

自分のカヤックを選ぶ

　シーカヤックが日本に入ってきたばかりのころは、数も種類もそう多くなく簡単に分類できたのだが、20年ほどの間に、イギリス系と北米

系の中間的な性格をもつもの、さらにその中間のタイプや、素材が違うもの……といった具合に、どんどん分化していった。さらに、シーカヤックマラソン用など、ある目的に特化したカヤックも生まれている。

選択肢が増えたのはうれしいことだが、さて自分にはどれが合うのか、考えるとなると難しい。だが、その難しさも楽しみのうちだと思って選んでみよう。

どんなデザインがいい?

ビルダー(シーカヤックにおいてはほとんどが手作りのため、「メーカー」よりも「ビルダー」と言った方がしっくりくる)のデザイナーは、自身が優れたシーカヤッカーであることが多い。既存のカヤックに飽き足らず、自らカヤックを造り始め、いわゆるバックヤードビルダーとしてスタートし、その後メーカーとして成長していくケースはよくある。

もちろん、売れるカヤックとデザイナーが乗りたいカヤックは必ずしも一致しないだろう。だが、定評のあるメーカーには必ずと言っていいほど、デザイナーがこだわり抜いて造ったカヤックがある。

自分で購入するときは、ショップの店員や経験者に相談し、体格や遊び方に合ったものを選ぶこと。命を預けるものなので、必ず試乗するようにしたい。

シーカヤックの性格と性能

姿かたちはもちろんのこと、素材によっても、カヤックの性能や性格が大きく変わってくる。

リジッドボートとファルトボート

シーカヤックには、FRPやポリエチレン製のリジッドボートと、折り畳み式のファルトボートがある。

FRP製のカヤックは、現在のスタンダードとなっている

ポリエチレン製は頑丈。遠征用として選ばれることもある

ファルトボートの仕組みは、カヤックのオリジンに最も近い

FRP製のリジッドボートは軽いので、海上ではもちろんのこと、移動の際の車への積み下ろしも比較的ラクだ。加工しやすいため細かい艤装もしやすく、壊れてもある程度なら補修することができる。何よりも形状が美しい。

ポリエチレン製のものは、弾力があるので割れにくく、頑丈だ。安価なので、ガイドツアーで使われることも多い。しかし、比較的重いうえ、ボトムなどに大きな割れ目ができると修理不能になってしまうことがある。

ファルトボートは、フェザークラフトなどのカナダ製と、モンベルやフジタカヌーなどの日本製のものとの間にはコンセプトに違いがある。前者は「普段はカヤックだが、折り畳むこともできる」という考え方。日本では、収納場所の問題からファルトボートが選ばれることが多く、後者は「普段は折り畳んであり、セットアップがすばやくできる」ことが重要視される。

性格を決める要素

カヤックの性格を決める要素は、全長や全幅、ボトムの形状にある。

● 全長:一人乗りで5m前後が目安

● 全幅:60cm前後が目安

● ボトムの形状:ロッカー、チャイン、キール

・ロッカー

ボトムの「反り」のこと。水平な床などに置くと、バウとスターンの先端は宙に浮く。この反り具合によって、主に回転性が決まってくる。ロッカーがきついと、回転性が高くなる。

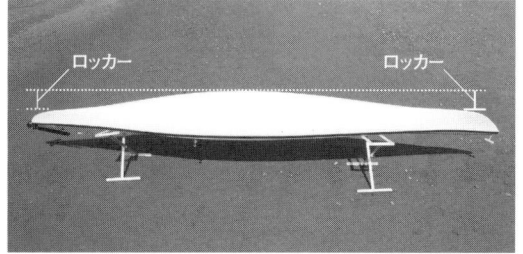

シーカヤックのロッカーは弱めに付けられているものが多い

・チャイン

ボトムの「張り出し」のこと。コクピットを中心としてバウとスターン方向にあるこの張り出しの形状によって、安定性や運動性、波を受けた時の反応が変わってくる。チャインの張り出しが大きいカヤックは安定性が高いが、漕ぎ方に対する反応（運動性）は少ない。

これは極端にチャインが強調されているカヤック

・キール

3つの要素のうち、目で見て最もわかりやすいのがキールだ

バウからスターンに向かって延びている「背骨」。バウとスターンには見られるが、コクピットの下あたりにはないものもある。キールがはっきり出ていると、直進性が高くなる。

目安となるシーカヤックは、全長5m前後、全幅60cm前後、キールはゆるく浮き出ていて、ロッカーはあまりきつくないもの。チャインは丸みを帯びて、コクピット付近にボリュームがあるタイプがいい。性能的には、いわゆる中庸と言われるものだ。ガイドツアーなどでのレンタル艇はこのタイプが多いので、まずはレンタル艇で中庸の感覚をつかむといいだろう。

その他で注意すること

● ハッチ

ハッチのサイズによって、中に積むことができる荷物の胴回りが決まる。多くの荷物を積むキャンプツーリングで使いたいのであれば、大きめのハッチのあるカヤックを選ぶ。ただし、大きいハッチほど水が入る可能性が高くなる。

● コクピット

小さなコクピットはホールド性が上がるが、沈脱（転覆したときにシーカヤックから脱出すること）も含めて乗り降りが難しくなる。

● シート

シーカヤックを漕いでいる間、シートには座り続ける。クイックな反応がほしい場合はコーミングとの一体型がいいだろう。長時間のツーリングの場合は、若干ルーズな方がいい。

● ペダル

足の踏ん張りもカヤックの推力の重要な要素。基本的に位置の調整は可能だが、極端に足の長い人や短い人は、オーダーする際にメーカーと相談して取り付け位置を決めるのがいいだろう。

※シーカヤックの各部名称については、30ページを参照

シーン別カヤックカタログ

カヤックの特徴はわかったけれど、具体的にどんなカヤックがいいのか。実際の使用シーンから、当てはまるシーカヤックを探してみよう。掲載しているカヤックの取り扱いは、巻末の「ビルダー、インポーター一覧」を参照のこと。

Case 1
週末を使って1〜2泊程度のキャンプツーリングをしたい。沿岸を中心に10〜20kmくらい漕げばいいかな。

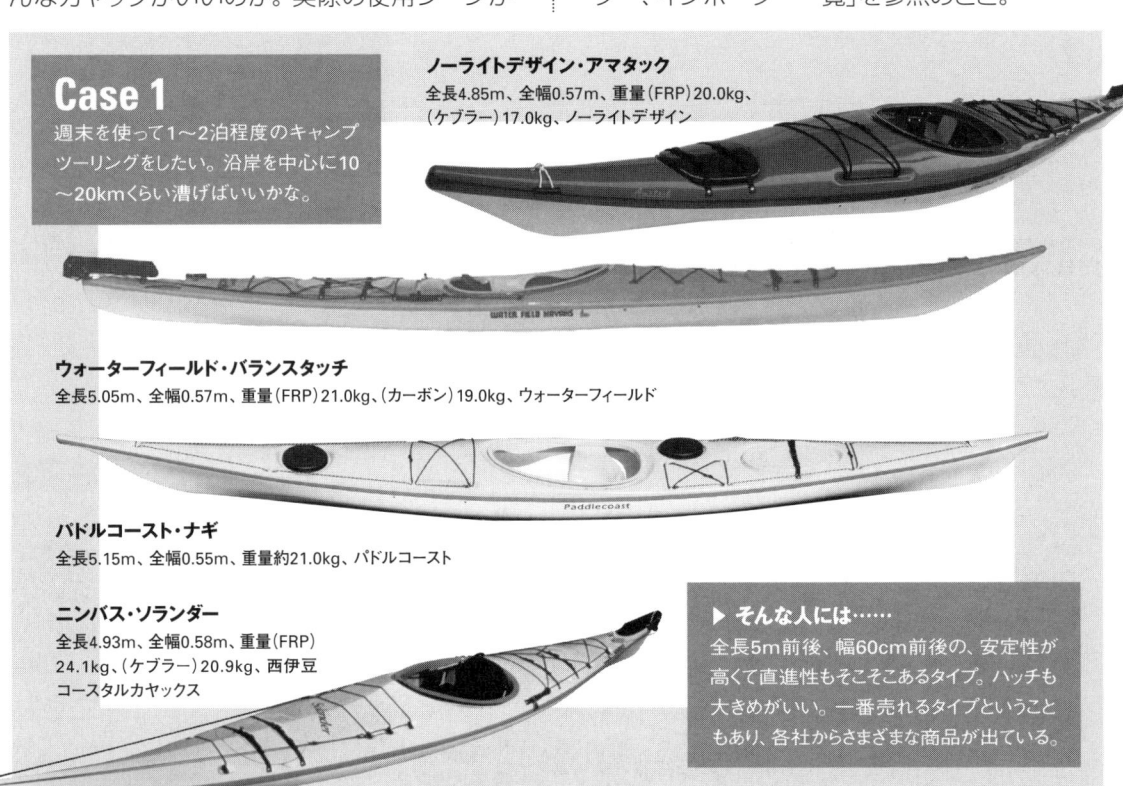

ノーライトデザイン・アマタック
全長4.85m、全幅0.57m、重量（FRP）20.0kg、（ケブラー）17.0kg、ノーライトデザイン

ウォーターフィールド・バランスタッチ
全長5.05m、全幅0.57m、重量（FRP）21.0kg、（カーボン）19.0kg、ウォーターフィールド

パドルコースト・ナギ
全長5.15m、全幅0.55m、重量約21.0kg、パドルコースト

ニンバス・ソランダー
全長4.93m、全幅0.58m、重量（FRP）24.1kg、（ケブラー）20.9kg、西伊豆コースタルカヤックス

▶ **そんな人には……**
全長5m前後、幅60cm前後の、安定性が高くて直進性もそこそこあるタイプ。ハッチも大きめがいい。一番売れるタイプということもあり、各社からさまざまな商品が出ている。

Case 2
体も小さいし、あまり力がないので不安。ワンデイツーリングがメイン。

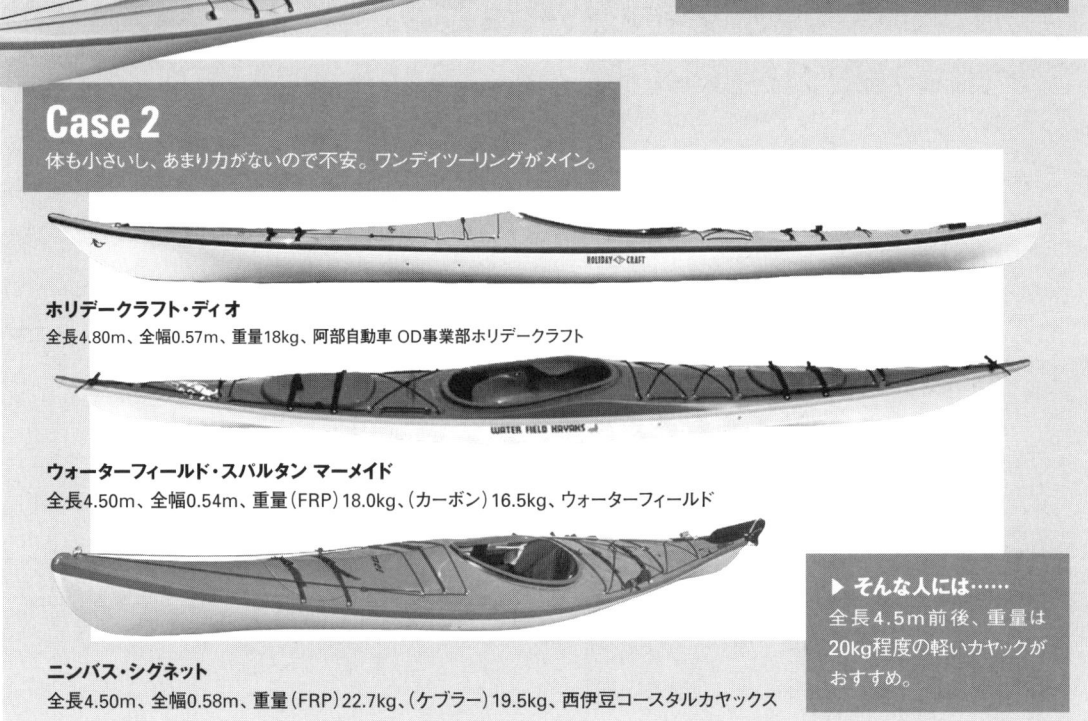

ホリデークラフト・ディオ
全長4.80m、全幅0.57m、重量18kg、阿部自動車 OD事業部ホリデークラフト

ウォーターフィールド・スパルタン マーメイド
全長4.50m、全幅0.54m、重量（FRP）18.0kg、（カーボン）16.5kg、ウォーターフィールド

ニンバス・シグネット
全長4.50m、全幅0.58m、重量（FRP）22.7kg、（ケブラー）19.5kg、西伊豆コースタルカヤックス

▶ **そんな人には……**
全長4.5m前後、重量は20kg程度の軽いカヤックがおすすめ。

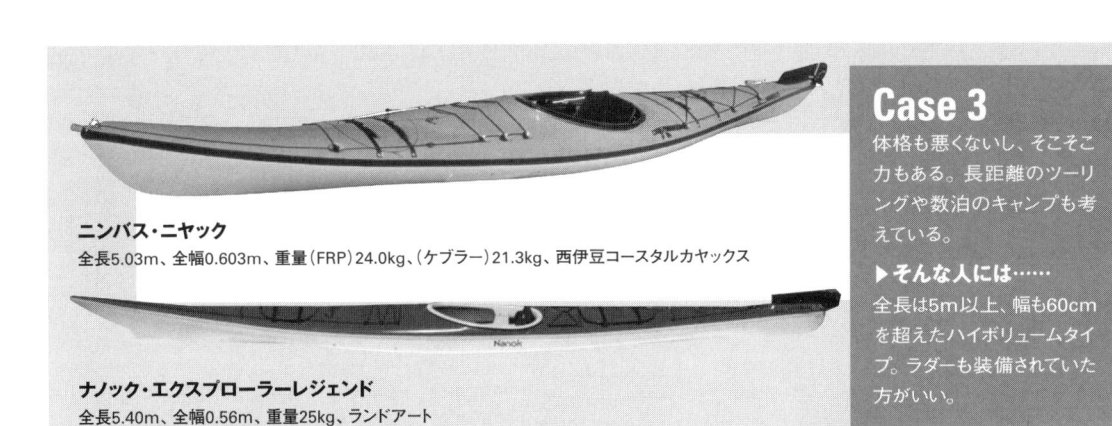

シーカヤックを始める前に

Case 3
体格も悪くないし、そこそこ力もある。長距離のツーリングや数泊のキャンプも考えている。

▶ **そんな人には……**
全長は5m以上、幅も60cmを超えたハイボリュームタイプ。ラダーも装備されていた方がいい。

ニンバス・ニヤック
全長5.03m、全幅0.603m、重量(FRP)24.0kg、(ケブラー)21.3kg、西伊豆コースタルカヤックス

ナノック・エクスプローラーレジェンド
全長5.40m、全幅0.56m、重量25kg、ランドアート

Case 4
沿岸で釣りやスキンダイビングなどをして遊びたい。

▶ **そんな人には……**
安定性が良く、身体の自由度も高いシットオントップタイプがベスト。最近は釣り用の艤装もある。

オーシャンカヤック・マリブ2
全長3.70m、全幅0.86m、重量27kg、サウスウインド他

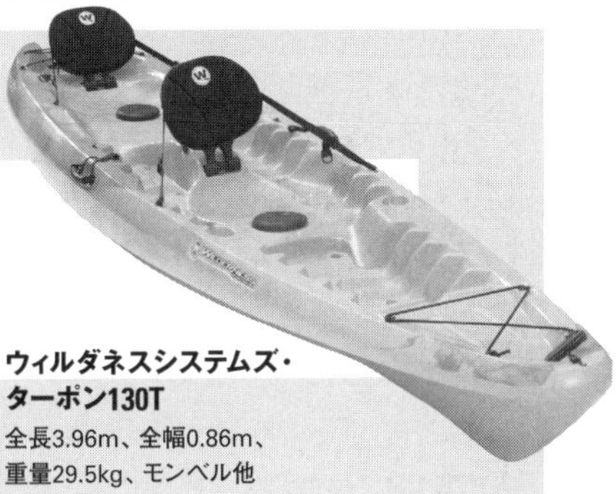

ウィルダネスシステムズ・タ―ポン130T
全長3.96m、全幅0.86m、重量29.5kg、モンベル他

Case 5
家にはカヤックを置く場所がない。移動は電車や飛行機を使いたい。

▶ **そんな人には……**
折り畳むことができるファルトボートか、分割式のシーカヤックがぴったりだ。

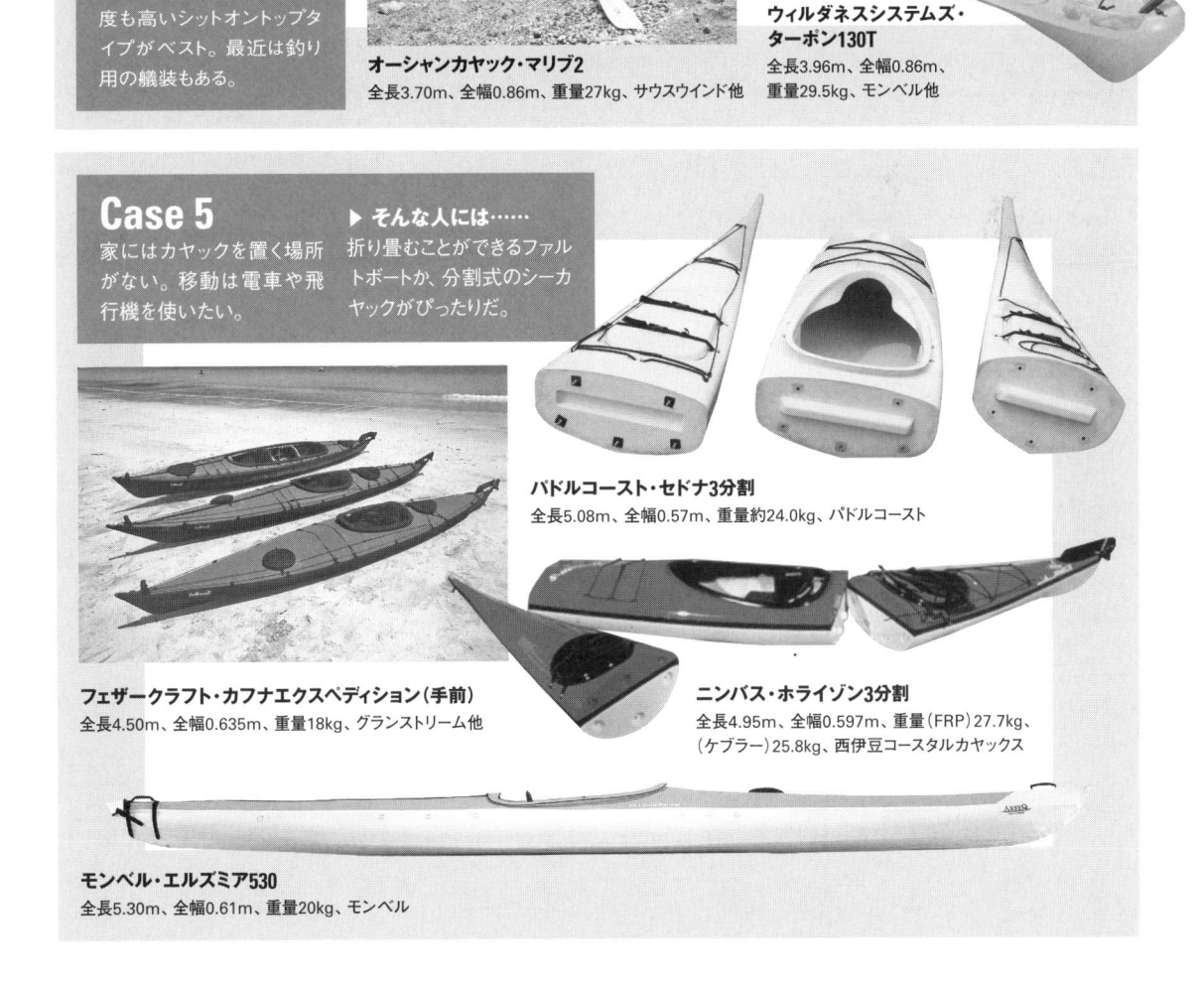

パドルコースト・セドナ3分割
全長5.08m、全幅0.57m、重量約24.0kg、パドルコースト

フェザークラフト・カフナエクスペディション(手前)
全長4.50m、全幅0.635m、重量18kg、グランストリーム他

ニンバス・ホライゾン3分割
全長4.95m、全幅0.597m、重量(FRP)27.7kg、(ケブラー)25.8kg、西伊豆コースタルカヤックス

モンベル・エルズミア530
全長5.30m、全幅0.61m、重量20kg、モンベル

シーカヤックを始める前に

カヤック各部の名称

ラダー
舵。船の性格によって、船を回転させるものと、直進性を高めるものがある。スケグと呼ばれる、保針性を高めるためのフィンが付くタイプもある

ラダーロープ
これでラダーの上げ下げを行う。スケグの上下を行うワイヤーは、コクピットのサイドに付いていることが多い

スターンハッチ
スターン側の開口部。ハッチ内には気室があり、荷物を入れられる。隔壁（バルクヘッド）があるため、沈をしても一気に水が入らず、沈みにくい構造になっている

シート
一体成形のものや独立したシートのものなど、さまざまな形態がある。自分に合わせてアレンジする

コーミング
コクピットの縁。モデルによってサイズが異なる。ここにスプレースカートを装着する

スターン
船の後方部分。船尾とも言う

バウハッチ
バウ側の開口部。バウの気室に荷物の出し入れをする

デッキ
船の上側表面。用途によってさまざまな艤装が付く

コクピット
着座スペース

デッキライン
ショックコードが張られており、レスキュー用品や予備パドル、飲料水などを挟む

ボトム
船の下側。このデザインが船の性格に直接影響する

シームライン
製作時にデッキとボトムが張り合わされたライン。特殊なテープで接合されている

ハル
船体

バウ
船の前方部分。船首ともいう

トグル（グラブループ）
持ち手。カヤックを運搬するときはここを持つ

揃えたい装備とウエア

カヤックを操るパドルや、身を守るライフジャケット、パドリングを快適にするウエアなど、シーカヤックを楽しむためにはさまざまな装備が必要だ。海という特殊な環境で安全に遊ぶために、揃えてほしいものを紹介する。

CHAPTER 2

楽しむために揃えよう
シーカヤックの装備

シーカヤックを楽しむには、船だけで海に出ることはできない。
命を守るPFD(ライフジャケット)や、推進力を得たり方向を変えるためのパドル、
コクピットに水が入らないようにするスプレースカート、
そしてビルジポンプやパドルフロートをはじめとするレスキュー用品などの装備が必要だ。
逆に言うと、それらを揃えて初めてシーカヤックを楽しめるのだ。

PFD(ライフジャケット)

　絶対に忘れてはいけないのが、ライフジャケット。カヤックの世界ではPFD（Personal Floating Device）と言ったりもする。厳密に言うと、船舶の法定安全備品であるライフジャケットの規格とは異なるからだ。そのため本書では、PFDという名称を使用することにする。水面に近いシーカヤックでは、PFDの着用は義務だと思ってほしい。このスポーツが日本よりもずっとポピュラーなカナダでも、着る着ないこそ個人の判断になるが、携行は義務付けられている。

　そして上半身をフルに動かすカヤッキングでは、PFDはカヤック専用のものを選んでほしい。シーカヤック用のものか、リバーカヤック用のものかは問わない。カヤック用の中では、どちらかというと競技志向とツーリング志向に分かれるようである。

　最近はさまざまな色のPFDがあるが、おすすめは黄色。理由は簡単で、発見しやすいからだ。カナダと同様、ごく普通のレジャーとしてシーカヤックが楽しまれているニュージーランドでは、レンタルカヤックやライフジャケットの色は圧倒的に黄色が多い。現地のガイドにその理由を聞くと、至極当たり前だというように「見つけやすいから」という答えが返ってきた。

PFDの正しい付け方

　ジッパーを閉め、両脇のバックルを止めて締める。これによってPFDの下端が肋骨の一番下側に回りこんで、水中でライフジャケットだけが上に抜けてしまうのを防ぐことができる。

　子供用のものには、股下ベルトが付いたタイ

カヤック用のものは丈が短く、脇が大きく開いている。浮力は大きいに越したことはないが、そのぶん浮力体(フォーム)の厚みが増すので漕ぎにくくなる。最終的には自分の身体とのフィッティングが重要な要素となる

肋骨の一番下に下端を合わせ、両脇のベルトをしっかり締める

揃えたい装備とウエア

左：小柄な人は特に、丈が短めのものを選んだ方がいいだろう
右：身体に合わないサイズのものは肩のベルトが顔の横に来てしまうなどして、窮屈かつ危険

陸上では邪魔だが、身を守る大事な装備。右から、ナイロン製、ネオプレーン製、ハイブリッドタイプ

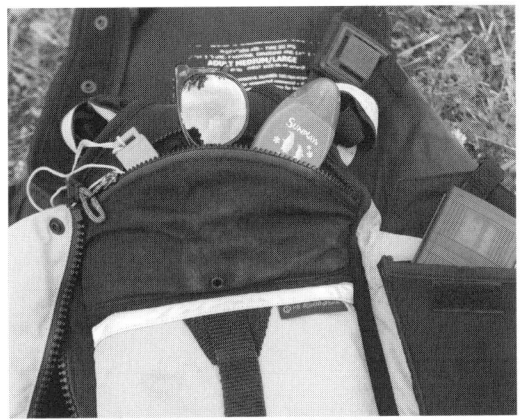

ツーリングに出かけるときは、ポケットが付いているものが便利。日焼け止めやサングラスなどのちょっとした小物を入れることができる。最初はジッパーがセンターに付いているものがいい。海上にいる間は、脱げる可能性があるので緩めないこと。防錆・潤滑剤の「KURE 6-66」や、シリコンスプレーでメインテナンスをしておこう。陸上で羽織れるので、防寒着としても有用だ

プもある。詳しくは「親子で楽しむシーカヤック」の項を参照のこと。

　寒い季節にはPFDをパドリングジャケットの下に着用する人もいるが、基本的には一番外側に着用すること。着用していることが目で確認できるようにしておいた方がいい。特にレスキューされる時には、PFD本体やベルトをつかんで引っ張り上げられるので、助ける方も助けられる方も少ない力ですむ。

スプレースカート

　コクピットに水が入らないようにするためのスプレースカート。これを付け忘れると、少々波が出るだけで水がバンバン入ってくる。そうすると艇は不安定になり、転覆してしまうこともある。必ず付けるようにしよう。また、乗艇時は下半身を覆うので、日焼け止めの役割も果たす。

　ナイロン製、ネオプレーン製、両者のハイブリッドタイプがあり、サイズはカヤックのコーミングと身体双方に合わせる必要がある。

　ナイロン素材のものはルーズでコーミングにはめやすいが、逆に外れやすい。つまり沈脱もしやすいわけで、安価なことも併せて初心者向きだ。ただし、ゆるみやすいので中央に水が溜まりやすいという欠点もある。

　ネオプレーン製のものは、ラフコンディションに出ることが多い人に好まれる。コーミングにはめにくいが外れにくく、ピンと張るので真ん中に水がたまることもない。荒れた海では、スカートが外れると致命的なダメージにつながりかねないのだ。ただし、体型が変わると胴周りが締め付けられるようになるのが難点。

　ナイロンとネオプレーンのハイブリッドタイプは、それぞれの長所を併せ持っているが、短所もそれぞれあると考えよう。腰周りの部分を肩紐で吊るタイプのものは、長さをしっかりと調整しないと肩ひもが垂れてくることがある。

　初心者はナイロンか、ハイブリッドタイプを選ぶといいだろう。

パドル

　カヤックを進めたり止まらせたり、向きを変えたりするパドル。カヌー、カヤック用品のカタログを開けば、ブレードの形状から長さ、材質に至るまで、さまざまなパドルが並んでいるだろう。カヤック本体以上に選ぶのが難しく、パドル一本で本が一冊書けるくらい深い世界なのだ。

　選び方は、シーカヤックの幅や形状、カヤッカーの漕ぎ方のクセ、筋力などの要素によって決まるが、「昔のアリュートが使っていたパドルで漕ぎたい」などの趣味や嗜好も大きく影響する。

　最初から「絶対にこのパドルを使いたい」というこだわりがあれば別だが、初めてパドルを選ぶときは、220～230cmくらいのやや短めで軽く、ブレードの小さいものがいいだろう。ブレードが小さければ水の中での動きをコントロールしやすいし、軽ければ疲れにくい。

　自分のスタイルに合うパドルを探すのは、シーカヤックを続けて自分のパドリングスタイルが明確になってからがいい。ぴったり合うものが見つかれば、いきなり上達したように感じられるかもしれない。最初はインストラクターやお財布と相談しながら、扱いやすいものを選ぶことをおすすめする。

パドルの長さ

短いもので215cmくらい、長いもので260cmくらいのものがある。初心者なら、だいたい220～230cmくらいが目安。

カヤックの幅や自分の腕の長さ、パドリングスタイルによって適正な長さは変わってくる。最終的には、経験によって自分に合う長さのものを見つけるしかない

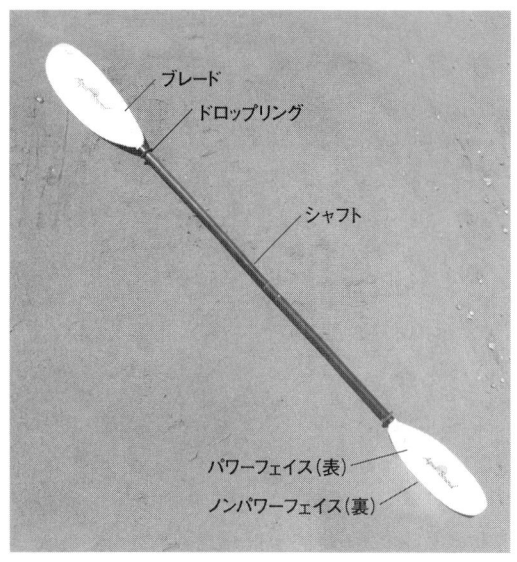

ブレードの形状

シーカヤック用のパドルのブレードは、上下非

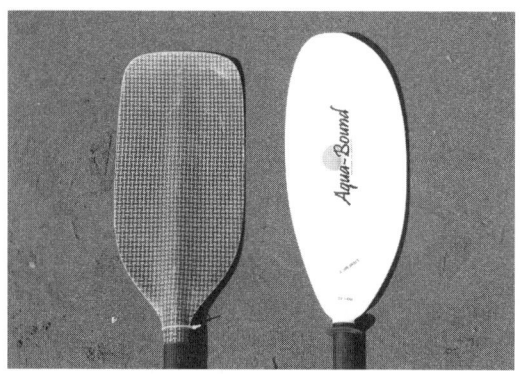

リバーカヤック用（左）のブレードは、シャフトを中心に上下対称になっている。シーカヤック用は下側がより小さい

揃えたい装備とウエア

目的によって形状が異なる。右はより多くの水をキャッチするレース用。一般に、ロングツーリングを意識したものほどブレードが小さい

対称のものが多い。リバー用のパドルのブレードは、上下が同じ形状となっている。もちろん海でも漕ぐことができる。

パドルの水かきやブレードの形状も千差万別で、ツーリングやレースなど目的によって使い分ける。初めてパドルを選ぶときには、ブレードが小さめで、水の逃げが考慮されている形状のものが負担は少ない。

スペアパドル

パドルはできるかぎりスペアを持っていた方がいい。海上でパドルを流してしまった、折ってしまった（めったには折れないが）などのトラブルがあると、身動きが取れなくなってしまうからだ。スペアパドルはデッキに積んでおくので、分割式で、メインパドルよりもブレードが小さいものがいい。

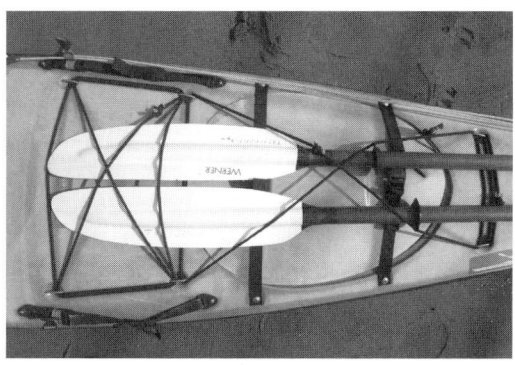

スペアパドルは、スターン側のショックコードに固定する場合が多い

パドルの原型

最近は、カヤックがアリューシャンやグリーンランドで狩猟道具として使われていた時代のパドル、いわゆるトラディショナルなパドルも流行している。こだわるあまりに、自分で作ったり、メーカーとして立ち上げた人もいるくらいだ。

カヤックと同じように、トラディショナルパドルも起源によって形状が微妙に変わってくる。下の写真のパドルは、どこが違うかわかるだろうか。アリュートパドルはブレードのセンターに芯が入っているようにブレードに角度が付いており、グリーンランドパドルは一枚の板を切り出したようになっている。ウッドのパドルにぬくもりを感じるという人も多い。ただし、腐食には注意が必要だ。

アリュートパドル。ブレードの中央が盛り上がっているために硬く、水をとらえる量も多い。漕ぐのに強い力がいる

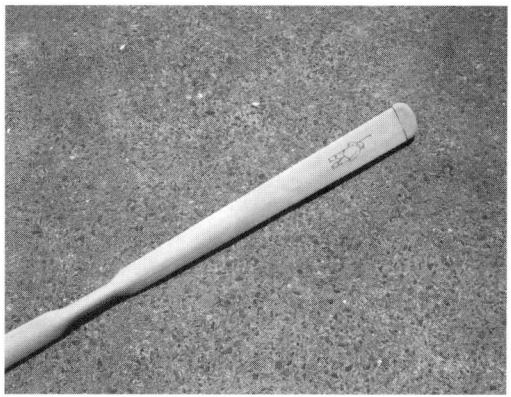

グリーンランドパドル。一枚の板のような長いブレードの先端部には、硬いチップが付けられる。ブレードのしなりも漕ぐときに応用される

レスキュー用品

シーカヤックは、公園のボートのように管理者がどこかで見張っているような場所で漕ぐ乗り物ではない。そのぶんリスクは高いが、公園のボートにはない「何か」をフィードバックしてくれる。その高いリスクは自分の判断で被るわけだから、自分の力でできる限り小さくすることが必要だし、そのための装備と言える。

また、自分で自分を助けるセルフレスキュー（スキルは「パドリングテクニック」の項を参照のこと）のためだけではなく、一緒に海に出ているパートナーを助ける、もしくはパートナーが自分を助けやすくする道具でもあるのだ。

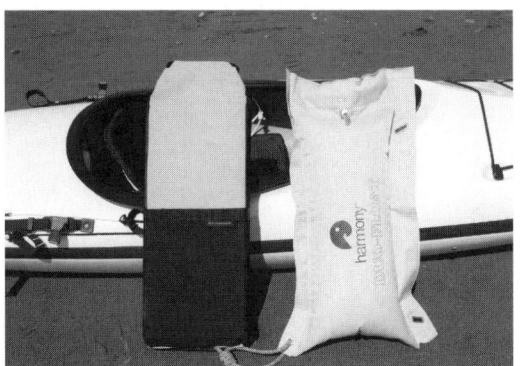

体重が重い人は、浮力が大きい膨張式がいい。空気を少し入れた状態で携行する

ブレイスやロール等を練習するときには、浮力の補助として使用することもできる。

ホイッスル

海上では、思いのほか声が届かないものと思っておこう。まして風が強く吹いたり波が立っていたりしたら、5mの距離でも会話が難しくなる。このような状況で何かあったとき、速やかに周りに知らせるために、ホイッスルは必携だ。いつでも吹けるよう、PFDに結び付け、ポケットに入れておく。

ビルジポンプ

ビルジとは、船内にたまった水のこと。ビルジポンプは、この水を船内からくみ出すための道具だ。水抜き用の装備としては、他にビルジスポンジがある。これはちょっとしたビルジを排出（あか汲みとも言う）するのにも使えるので、ポンプとスポンジの両方を持っていたほうがいい。使用方法は、「パドリングテクニック」の項のセルフレスキューを参照のこと。

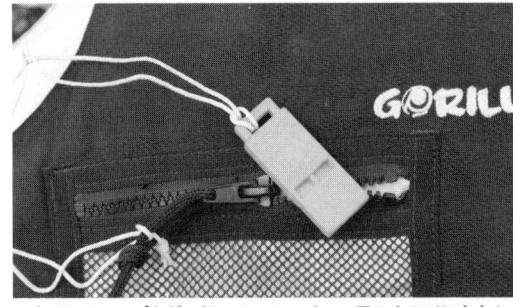

アウトドアショップなどで扱っているレスキュー用のものがおすすめ

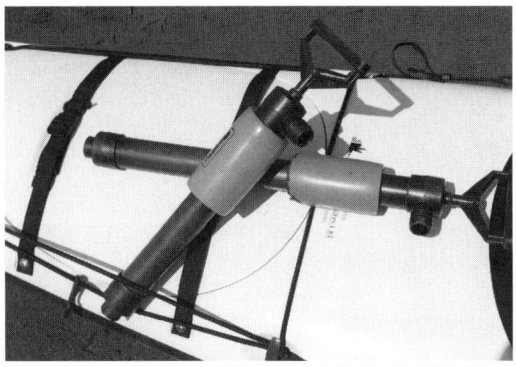

スターンデッキのショックコードで固定したり、シートの横にあるスペースに収納する

パドルフロート

セルフレスキューのための道具。空気で膨らませるタイプと、ウレタンフォーム製のタイプがある。前者は使用時に膨らませる必要があるが、浮力は大きい。使用方法は「パドリングテクニック」の項のセルフレスキューを参照のこと。ハイ

トーイングロープ

怪我をするなど、自分で漕げなくなったときに、自艇と他艇とつなぐためのロープ。初心者でも、

揃えたい装備とウエア

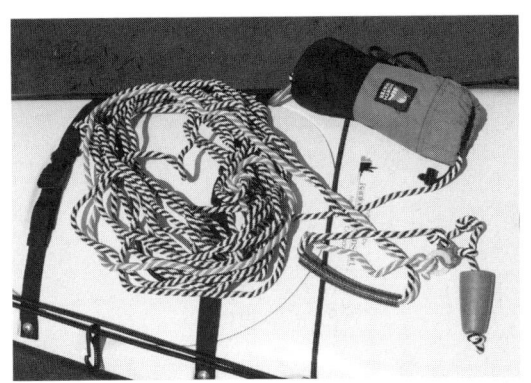

定期的に収納袋から出して、ロープや金具の状態をチェックしよう

自分が引っ張られる可能性があるので準備しておこう。

携帯電話、防水バッグ

2000年に海の緊急電話番号「118」の運用が始まったことはご存知だろうか。海上保安庁によると、2007年の118番による通報では、海難船舶の78％、人身事故の58％で携帯電話が使用されたという。最近は防水、防滴の携帯電話もあるが、真水と海水は違う。必ず防水バッグとセットで使おう。また海に出る前に、きちんと充電されているかどうか確認すること。

携帯電話は、防水バッグに入れてデッキに置いておく

その他のレスキュー用品

シーカヤックを始めるときは特に必要ないが、このようなものもレスキュー用品として売られている。

●**防水ヘッドランプ**

キャンプツーリングでなくても携行したい装備。ダイビングでも使用できるような仕様の、防水性が高いものが望ましい。北米では、昼間カヤッキングする予定でも（通常は昼間のみだが）携行を義務づけられている。帰りが夜になる可能性もあるからだ。手元を照らす以外に、自分の存在を他の船やカヤックに知らせる役目もある。

●**ストロボライト**

遭難時に使用することになる、救助要請のためのライト。ダイビングや船舶用品の方が品揃えがいい。

●**マーカー**

沈をして他のカヤックと離れてしまったときなどに、粉状のマーカーをまいて海を赤く染め、上空からの発見を待つ。

●**ミラー**

これも最終的なツール。太陽光を反射させ、捜索に来た飛行機に自分の位置を知らせる。

●**信号紅煙**

強い光とともに、赤い煙が勢いよく出てSOSを知らせる。他の船や飛行機に、危機的状況であることや自分の位置を知らせるために使用する。

海を快適に楽しむウエアリング

シーカヤックは基本的に「水に濡れる」遊び。
海は水温と気温との差が激しいので、簡単に体温調整ができるように、
ウエアはレイヤード（重ね着）するのが原則だ。
おおまかにアンダー（肌着）、ミドル（フリースなど）、
アウター（パドリングジャケットなど）の組み合わせで構成される。
また、暖かい海でデイツーリングをするのか、キャンプツーリングが主なのかなど、
自分のスタイルによってもウエアの選択は変わってくる。
濡れても運動に差し障りのないもの、不快になりにくいものを目安に選ぼう。

アンダーウエア（肌着）

濡れてもすぐ乾くもの、汗を吸収して湿気を内にこもらせず、外に放出するもの。そして肌触りがいいもの。山用品やアウトドア用品店に行けば、このような機能を持つポリエステルなどの化学繊維のアンダーウエアがある。値段もこなれて安くなってきている。またサーフィンなどで使われるラッシュガードは、水温が低いときはアンダーウエアとして、気温も水温も高いときは一枚で着るのもいいだろう。カヤック専用のものも発売されている。

さらに最近は素材の進化も進んでおり、スーパーメリノウールなど天然素材のものも、まだ少々値段は高いが出てきている。これは、化学繊維と比べると乾きにくいが吸湿性が良く、少しの汗や水しぶきで濡れても冷たさを感じないというものである。また、化学繊維に対してアレルギーがある人も、この素材の登場によって安心して選べるようになった。

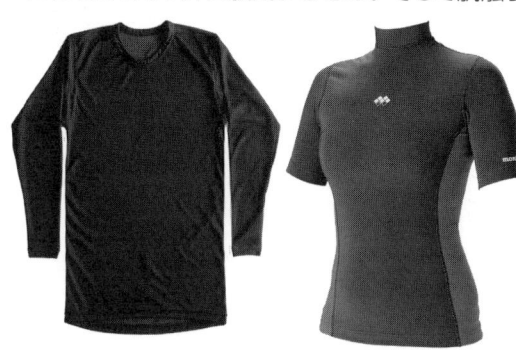

濡れても体温が低下しにくく、吸収した汗を発散する素材を使用（ファイントラック・フラッドラッシュスキン ロングスリーブ）

体にフィットする形で、裏側に起毛処理が施されている。暑い季節には1枚で着用できる（モンベル・アクアボディシャツ）

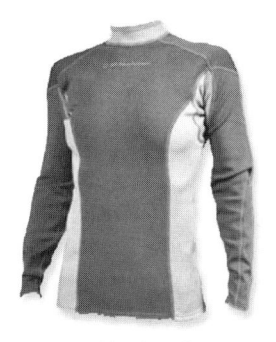

ストレッチ性のネオプレーン地を使ったアンダーウエア。1枚で着てもいい（高階救命器具・ストレッチロングトップ）

インナーとしても1枚でも着られるショーツ。素肌に着ても透けないあて布付き。モンベル・アクアボディショーツ

ミドルウエア

文字通り、アンダーとアウターの間に着るもの。化学繊維のシャツやフリースなどがこれにあたる。ストレッチ性の高いものがいい。ユニクロなどの安価な製品を割り切って使うのもいいだろう。ジャージや天然のウールなど、さまざまな素材の商品がある。

揃えたい装備とウエア

内側にフリース素材を使い、1枚でミドルとアウターの役割を兼ねるタイプ。春、秋ならこれだけで、冬は重ね着して使える（高階救命器具・ベレフィミッドウエイト LS）

耐久性、撥水性が高く、水分を吸収しにくいウエア。UVカット効果も期待できる（ファイントラック・フラッドラッシュラピットジップネック）

アウター

ジャケット、アノラックなどのアウターだけはカヤック専用ウエアが望ましい。なぜなら、袖口や襟ぐりがベルクロなどで絞められるようになっており、パドルから垂れる水滴がウエアの中に入りにくい構造になっているからだ。

もちろん生地は耐水で、中まで濡れることはない。逆に、汗をかくと内部にたまりやすく、昔のものは内側にべったりと水滴がつくこともあった。最近はベンチレーション機能もだいぶ改善されてきており、過去に比べれば快適なパドリングができるようになった。

ツーリングに便利な薄手の防水ウエア。ネオプレーン製の袖口はベルクロ付きで、パドリング中に水が入るのを防ぐ（モンベル・アクアツーリングアノラック）

極寒時には、袖口や襟ぐりがゴムでシームされたドライトップを使用する。着脱時はゴムシールを破損させないように注意が必要だ（高階救命器具・ナイヤドライトップ）

ボトム

ネオプレーン製のパンツ（ウエットスーツ）や、アンダーウエアにオーバーパンツを重ねるというスタイルがある。漕ぐフィールドや自分のスタイルによって、合う形にしよう。

ネオプレーン製パンツ

沈する可能性が高かったり、スキンダイビングをするなど濡れる可能性が高いのであれば、ネオプレーン製のパドリングパンツがいいだろう。水に濡れても保温性が高く、破れなどの破損が少ないのが長所だ。

厚さ3mmのネオプレーン素材を使ったタイツ。保温性が高く、動きやすい（モンベル・ネオプレン パドリングタイツ）

オーバーパンツ

海が静かで沈の心配が少ない場合や、陸上での行動が主体の場合は、脱ぎ着がラクなのでオーバーパンツが便利だ。インナーには、化学繊維やウールのアンダーまたはミドルウエアを着用する。

（上）撥水性が高く、保水しにくい素材のショーツ。サイドと背面には空気抜き用のメッシュ地が配されている（モンベル・パドリングトランクス）
（右）防水透湿性のパンツ。尻、ひざ部分はストレッチ性の素材で補強し、腰、足首部分はネオプレーンを使用し水の浸入を防ぐ（モンベル・DLT.パドリングパンツ）

その他のウエア

ドライスーツ

手首や足首の周り、首周りがゴムでシームされ、中に水が入らない構造になっている。ダイビング用のものを使うこともできるが、運動の内容が異なるため、やはりカヤック用を使用するほうが望ましい。ただし、ツーリング中に暑くなっても途中で脱げないのが難点だ。また、ドライトップと同様、脱ぎ着の際はゴムシールの破損に注意。

透湿防水のフルドライスーツは、ウエスト部分にベルクロを使用し、腹部への圧迫が少ない（高階救命器具・エレメント ドライスーツ）

ロングジョン

ネオプレーン製で、トップからボトムまで一体になっているタイプ。保温性や運動性は高いが、陸上での行動を考えると上下セパレートの方が使いやすいだろう。デイツーリングやリバーカヤッキングにおすすめだ。カヤック用のものは、脱ぎ着がしやすいよう前面にファスナーがついている。

カヤックに乗ったときの姿勢を考慮して作られた、動きやすいロングジョン。3mm厚の素材が怪我や打ち身から保護してくれる（モンベル・ネオプレン ベーシックジョン）

フットウエア

身体にまとうウエアと同様、足に履くフットウエア、つまりシューズも非常に重要なアイテムのひとつだ。パドリング中、足はカヤックの中だが、乗るときや降りるときは常に快適な場所とは限らない。むしろ岩場や珊瑚、あるいはコンクリートなどの場合が多い。

少なくとも足元は必ず濡れるので、できればくるぶしまで隠れるタイプが望ましいが、泳いでも脱げてしまわなければOKだ。ダイビングで使用するマリンブーツでも代用できる。

ただし、長靴は避けること。沈したときに靴の中に水が入って、カヤックに上がるときや、カヤックにつかまって曳航されるときに大きな抵抗となってしまう。

上：最もベーシックなパドリングシューズ。くるぶしまで隠れて底も厚みがある（モンベル・パドリングシューズ ショート、ロング）
左：真夏など水温が高いときは、このようなメッシュのシューズでもいいだろう

上：ここのところ大流行の、樹脂製のサンダルも1足カヤックに積んでおくといい。陸上で行動するときに便利だ
左：極寒の海では、こういったネオプレーン製のブーツがぴったりだ。靴底も厚く、多少の岩場でも問題ない。足を入れる口の部分にあるベルトをしっかりと締めること

揃えたい装備とウエア

帽子（キャップ）

　頭を保護し、日焼けを防ぐために帽子は必需品だ。風で飛ばされにくく、つばが大きくて広い影を作るものがいい。特に首筋の日焼けには注意しよう。首筋を覆う日除けが付いたタイプもある。

　荒れた海の中の岩場やサーフゾーンではヘルメットが必要だが、通常は帽子で十分だ。寒いときにはニットキャップがあると重宝する。

メッシュ地のハットはつばが広く、あごひもと反射テープが付く。キャップは、形状安定性と浮力を備えたツバ付きだ（モンベル・スティングレイハット〈左〉、パドリング ツーリングキャップ）

カヤック用ヘルメットは軽く、水抜きがしやすいようにできている

パドリンググラブ（グローブ）

伸縮性、通気性に優れ、濡れても滑りにくいもの（左）や、表面は撥水性が高く裏面は起毛地で暖かいもの（右）などがある（モンベル・アクアボディグローブ〈左〉、クリマプレン パドリンググローブ）

　濡れても暖かい、ネオプレーン製のものがいいだろう。暑い季節はヨット用など手のひらを保護するタイプも有効だ。寒いときにはミトンタイプもいい。

ポギー

　グラブの上からパドルのシャフトに通して使う防寒具。真冬の強風時には必携だ。

厚さ4mmのネオプレーンで、防寒性の高いポギー。パドルを直接握れる（高階救命器具・ネオプレーンポギー）

専用ウエアは必要？

　ショップなどで見かける「カヤックの初心者向けコース」のチラシには、持ち物リストの中に「雨具」と書いてある場合が多い。カヤック専用のウエアを買わなくても、普段使うレインコートなどで代用できるのだろうか？ 結論から言えば、体験や初心者コースであれば構わない。それで問題があるようなコンディションの場合は、プロであるガイドは海に出ないだろう。

　両手足が自由に動けるもの、できればトレッキングなどで使用するものが望ましい。100円ショップで売っているようなビニールのカッパは論外だ。少なくともアンダーウエアは、前述のものを着用するようにしよう（夏場なら水着でOK）。最近は、ユニクロなどの量販店でも機能性の高いウエアを扱っている。

　ウエアは専用のものが望ましいが、最初から全てを揃えるのは金銭的にも難しいだろう。最初から無理して買う必要はない。登山用を始めとする他のアウトドアスポーツ用や服飾量販店のものなど、使えるものをうまく活用しよう。

季節別ウエアリングの例

㊥春
水温が低く気温は高い、一番難しい季節。水温と気温の差に注意!
●アンダーウエア、ミドルウエア、パドリングジャケット、ネオプレーン製パンツ、オーバーパンツ、ハイカットシューズ、グローブなど

㊥夏
熱中症と日焼け対策を万全に。長袖が望ましい。
●ラッシュガード、ネオプレーン製パンツ、トランクス、ローカットシューズ、グローブなど

㊥秋
実はシーカヤックのベストシーズン。気温は低くなるが、水温はまだまだ高い。
●アンダーウエア、ミドルウエア、ロングジョン、ハイカットシューズ、グローブなど

㊥冬
寒い時期に始めるという剛の者は少ないと思うが、基本的には身体を濡らさないウエアにする。
●アンダーウエア上下、ミドルウエア(フリース)、ネオプレーン製パンツ、ドライトップ、ドライボトム、ロングブーツ、グローブなど

水温でウエアリングを決める

　シーカヤックに乗る際は、常に最悪の状態に備えて、水温に合わせたウエアリングを心がけるべきだ。特に陽射しは暖かくなるものの、水温はまだ低いゴールデンウイークの時期などは、天気の不安定さも手伝って事故が多い。たいていが、薄着で冷たい水の上に出て行って沈したり、低体温症(ハイポサーミア)にかかるというものだ。

　しかしあまりに重装備だと、パドリングによって発生した熱が逃げていかず、逆に熱中症などになってダメージを受ける場合もある。事故や病気を防ぐためにも、体温調節のしやすい服装を心がけよう。

低体温症および熱中症については、「親子で楽しむシーカヤック」の項を参照。

静岡県・松崎町における気温と海水温の関係（2005年）

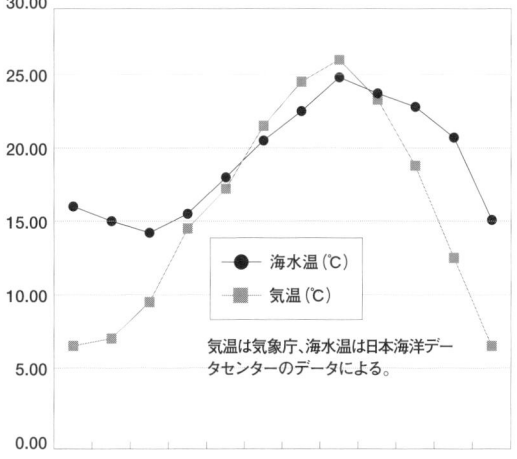

凡例:
- 海水温（℃）
- 気温（℃）

気温は気象庁、海水温は日本海洋データセンターのデータによる。

海水温は気温より1～2カ月遅れて変化する。水温に合わせたウエアリングにしたい

陸上では普段着を

上陸したときにすぐ着替えられるものを、カヤックや車の中に用意しておこう。特に気温が低いときは、体温を奪われないようにすばやい行動を心がける。

さらに深く知りたい人のために
参考資料一覧

シーカヤックをもっと深く知りたい、自分でどんどん漕ぎにいきたい、
という人のために、参考となる本をご紹介。

シーカヤック関連

●『全国シーカヤッキング55Map』(山と渓谷社)

　日本は海に囲まれた国で、しかも亜熱帯から亜寒帯にまたがる世界でも稀有な国土である。日本中がシーカヤッキングフィールドと言っていいが、その中から55のエリアを厳選し、それぞれのフィールドで活躍しているガイド自身が紹介しているフィールドガイドだ。

●「カヌーライフ」(エイ出版)

　日本で唯一のカヌー、カヤック専門誌。内容はシーカヤックについてばかりではないが、同じパドルスポーツとして参考になる。不定期刊。

●『KAYAK～海を旅する本』(フリーホイール)

　遠征記事やツーリングレポート、コラムなどでカヤックツーリングの楽しさを伝える雑誌。1、4、7、10月の年4回発行。カヤックショップ、もしくはインターネット(http://www.fujisan.co.jp/)で購入できる。

その他のスキル

●『レスキュー・ハンドブック』(山と渓谷社)

　　　　　　　　　　藤原尚雄、羽根田 治 著

　川での危機、安全管理が主体だが、CPR(人工心肺蘇生法)やファーストエイドに関する内容も充実している。携行に便利なサイズだ。

●『海のお天気ハンドブック』(舵社)

　　　　　　　　　　　　　　馬場正彦 著

　プレジャーボート向け気象情報提供サービスを手がける筆者が、海をフィールドに楽しむ人たちに向けて送る一冊。平易な言葉とイラストで、海の気象の基本をわかりやすく解説。

●『DVD＆カラーイラストで速攻マスター
　　　ロープワーク入門講座』(舵社)

　　　　　　　　　　　　　　国方成一 著

　日常生活でロープを生かすためのテクニックを、イラストでわかりやすく紹介。基本的なロープワーク36種類の手順がDVDに収録され、初心者でも結びの基礎がマスターできる。

海上で必要な
スキル

シーカヤックで最低限必要なテクニックは、
それほど多くない。思い通りにシーカヤック
を操るために、基本的なスキルを覚えたい。
また、海でのルールや障害物、目に見えない
潮の流れなどを知り、自分でコースを決めて
目的地に行ける技術を身に付けよう。

CHAPTER 3

進む、曲がる、止まるの3つを身に付ける
パドリングテクニック

シーカヤックにおけるパドリングのテクニックには、
まっすぐ進むための「フォワードストローク」、
大きく方向を変えるための「スウィープストローク」、
止まったり同じ位置に静止するための「ストッピング」がある。
この3つの基本テクニックを最低限マスターしよう。

まず覚えたい基本テクニック

　シーカヤックで最初に必要となるテクニックは、リバーカヤックほど多くない。それはフィールドの特性として、海では川のように流れの中で正面にいきなり岩が現れたり、常に一方向の流れの中に入ってしまったりすることが少ないからだ。たいていの場合、危険回避はかなり早い段階で取ることができる。

　自分が行きたいフィールドに合わせて、必要なテクニックを身に付けていこう。漕ぎ方だけでなく、パーツの名前を覚えたり、フィッティングの仕方を覚えるのもテクニックのうちだ。

フィッティング
カヤックをホールドする

　カヤックを漕ぐ前に、まずは「最も効率的に力を使うことができる」姿勢を確保する必要がある。

　船が沈(転覆)しそうになったときや、突然の波や風によってカヤックの動きが不安定になったときに、身体の動きをダイレクトにカヤックに伝えることによってリカバリーが可能になる。下半身の動きをカヤックに伝えやすく、しかも身体の負担にならないように改造するフィッティングも、テクニックの一つになるのだ。

　過去、イヌイットの人たちが使うカヤックは、全て自分たちの体格に合わせて作られたオーダーメイドだった。現代のカヤックのほとんどは、より多くの人が使えるように平均化した既製品だ。自分の使い方に合ったものを選んだとしても、フィッティングは自分で行う必要がある。

　長距離を長い時間漕ぐのか、レースに参加するのかなど、乗り方によっても異なってくるが、本書では最も基本的なフィッティングを紹介する。

シート

　シーカヤックは座った姿勢で乗り、身体のひねりで漕ぐもの。つまり、その中心軸となる腰をすえるシートは非常に重要なパーツだ。

●フィッティングのコツ

　体が左右にぶれすぎるとカヤックとの一体感を保てないので、シートのサイドにパッドを入れる。ただし、窮屈にしすぎると大腿部の外側を

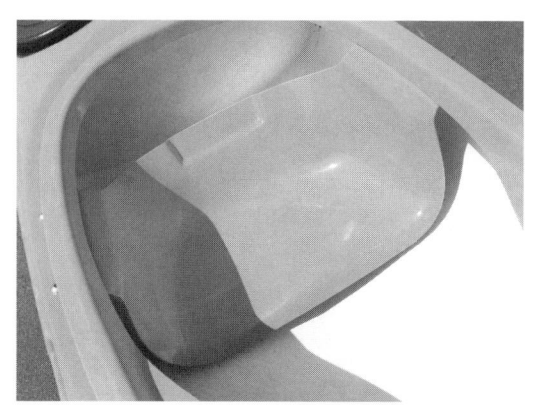

FRP製で、シーカヤックのコーミングから吊り下げる一体成形のカヤックのシート。下半身の動きをダイレクトに伝えやすい

海上で必要なスキル

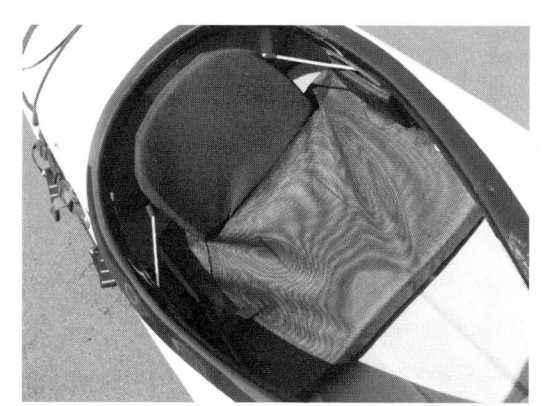

レインフォレスト社「ニンバス」ブランドのシートは、ウレタンフォーム製で、カヤック本体に取り付けるようになっている。若干ルーズなところもあるが、背もたれのリクライニングやシートの調整ができ、身体の大きな人や長時間漕ぐ場合に適している

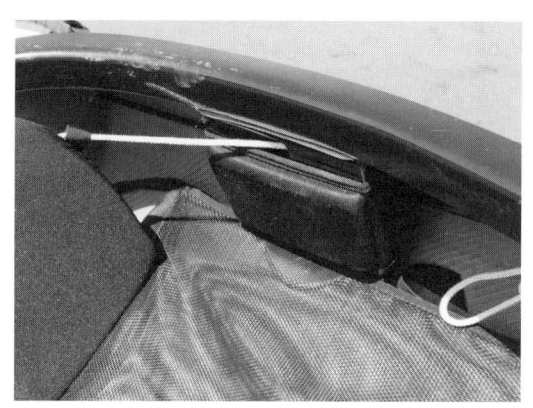

ニンバスのカヤックには、取り外し可能なフィッティング用パッドが付いている

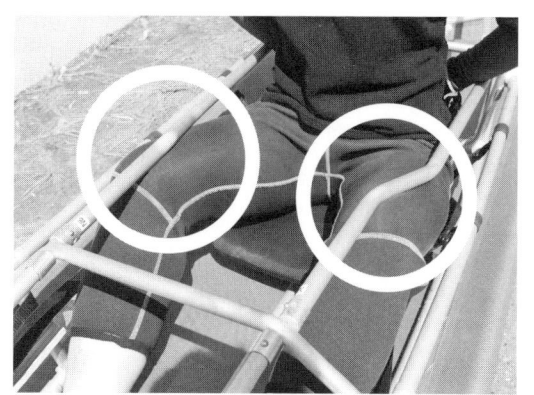

ニーグリップを取った姿勢。太ももから膝にかけて、カヤックの両サイドに軽く当たるくらいにペダルの位置を調整する

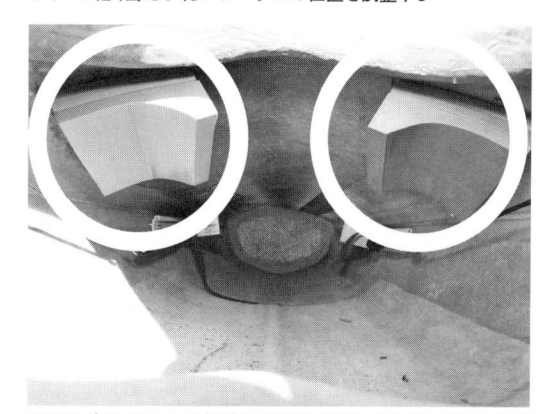

FRPやポリエチレンの艇体に直接肌が触れると擦れて痛みを感じることもあるので、パッドをつけて負担を和らげる。最近はたいていのカヤックに装備されている。パッドの厚さを自分の膝の位置に合わせて調節するのもフィッティングの一つ

締めつけることになり、しびれや感覚麻痺が起こるので注意！

●ニーグリップ ～カヤックは膝でホールドする～

　カヤックは腰から下が艇体に隠れていて見えないからか、上半身の運動だと思われがちだが、実は下半身の使い方が非常に重要だ。一日のパドリングが終わって疲れや痛みのほとんどが手首や腕に出るようならば、パドリングフォームがきちんとできていない証拠である。

　刻々と変化する、あるいは突然変化する状況の中でしっかりとしたパドリングを続けるために、上半身を安定させるのが下半身の役目であり、その要となるのが「ニーグリップ」である。艇体をひざで内側から押し上げて、身体との一体感を得る。

　オートバイに乗る人であれば、バイクの姿勢を保つのに両膝でタンクを挟み込む「ニーグリップ」は、非常に重要であることはわかるだろう。

フットペダル

　ペダルの位置は、前述のニーグリップをとりやすい位置で固定する。カヤックに乗り込む前には、レンタルのものはもちろん、自分のカヤックでも、位置が合っているかきちんと確認すること。海の上に出てからの調整は至難の技だし、危険だ。

　ラダー付きの船の場合は、舵を切る方向に足を踏み込まなければならないのでニーグリップをとりにくく、微妙な姿勢の変化が伴う場合がある。

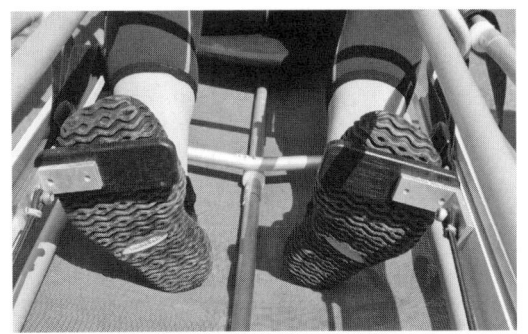

ペダル位置の固定方法は、ラダーワイヤーからつながる棒状のフレームに穴が開いていてペダル側のロックをひっかけるタイプと、ベルトで調整するタイプがある。最近のロック式のものには、ペダルを踏み込むことで足の位置が変わりパドリングフォームに影響が出にくいように、かかとが当たる位置を変えずに足先でラダーを切ることができるタイプもある。

フラットな水面をまっすぐ進む場合は若干遠めでもいいが、ラフコンディションの中を漕ぐ場合はニーグリップが必要となるので、近めにセットしよう。

足指の付け根と土踏まずの間の盛り上がった部分でペダルを踏む。カヤックに推進力を与えるためにしっかりと踏み込む

ラダー付きのカヤックのペダル位置を合わせるときは、後方を確認しながらラダーのセンターをしっかりと出すようにしよう。レンタルのものなどは左右のワイヤーの長さが違うものもある

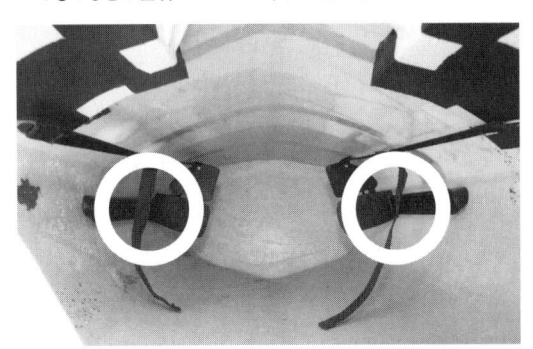

ロック式のものは簡単に位置決めができるが、微妙な調整が難しい。ロックは確実に穴にはめること

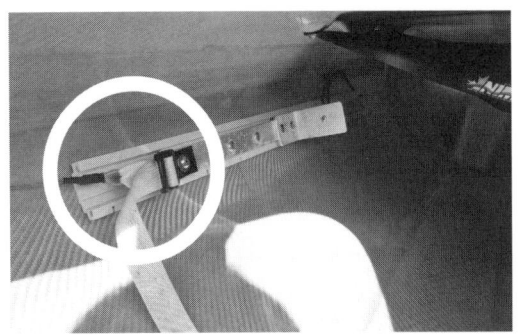

ベルト式のものは微調整が利くが、ベルトやワイヤーが伸びる場合がある

パドル
推進力を生み出す魔法の棒

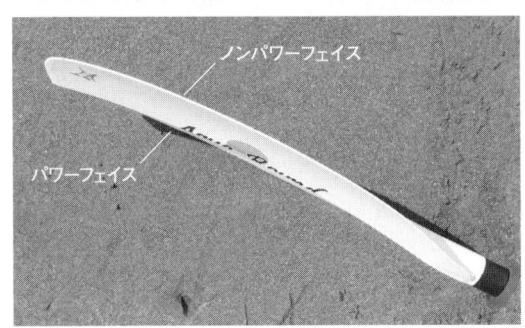

手前の面がパワーフェイス、反対の面がノンパワーフェイス

パドルのブレードには表と裏があり、水をかく（キャッチする）方をパワーフェイスといい、反対側をノンパワーフェイスという。この表と裏の違いをしっかりと意識しよう。

●パドルの持ち方（フェザーパドルの場合）

持ち方は右手が基準だ。右手を水平に出してシャフトを握ったときに、ブレードが垂直になるように握る。そうすれば自ずと左手の位置が決まる

　パドルを頭の上に持ち上げて、シャフトのほぼ中心を頭頂部に付ける。その状態で、ひじの角度がほぼ90度になるようにシャフトを握る。左右の間隔が狭くなりすぎないように気を付けること。

フェザーとアンフェザー

　現代のカヤックのパドルには、左右のブレードに角度を持たせてある。この角度をフェザー角というが、これは水の中で推力を発生しているブレードの反対側にある、空中のブレードの空気抵抗をなるべく少なくする、という考え方から生まれた角度である。なぜ現代かというと、イヌイットの使っていたパドルは基本的に、パドルの両ブレードに角度がないアンフェザーだからだ。
　ただこのフェザー角があるパドルは、手首の「返し」が必要となるために、長時間かつ長距離漕ぐ場合は手首に大きな負担となる。そのため、フェザー角を45〜75度くらいに少なくしたり、アンフェザーにしているカヤッカーもいる。初めてカヤックに乗る人には、簡単にパドリングできるという理由で、最初はアンフェザーでの漕ぎ方を教えているスクールが多い。
　だからといって、アンフェザーのパドルが初心者向きというわけではない。追い風のときは、フェザーパドルならば、空中に出ているブレードに風を受ければ逆に負担が減るというメリットもある。一方、横風が強いときにフェザーパドルを使うと、空中にあるブレードが翼のようになって風にあおられやすくなる。状況によって使い分けられるようになるのが上級者への道だ。

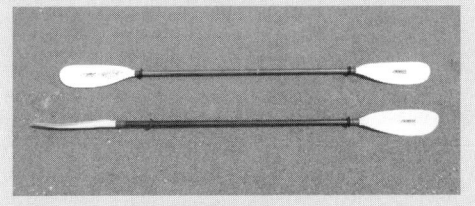

写真上がアンフェザーパドル、下がフェザーパドル

海上で必要なスキル

フォワードストローク
前に進む（フェザーパドルの場合）

フォワードストロークは、最も基本的かつ重要なテクニック。前に進むだけではなく、強力なリカバリースキルでもある。それは、不安定な状態になっても、強力な推力を得れば安定する力を持つからである。例えば、オートバイや自動車でカーブを曲がるときには、直前で十分に減速した後にアクセルを踏みながら曲がっていく、と教習所で習わなかっただろうか。推力がないと、外

1 身体をひねって、肩からカヤックのできるだけ前にブレードを持っていく。パドルの角度は水平な海面を0度とすると、45度くらいになるように

2 ブレードをほぼ垂直に水面に差し込み、しっかりと水をキャッチする

3 身体のひねりを使って、ブレードを身体の脇まで引き寄せる。同時に、足は漕いでいるのと同じ舷側のペダルを踏み込む。腕の力だけで漕ぐと、手首を傷めてしまう

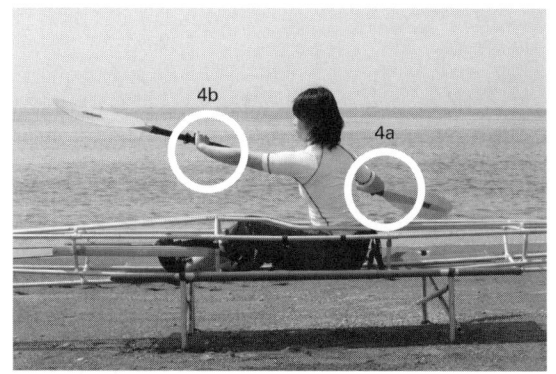

4 反対側の肩が十分前に出た段階で、水に入っている方のブレードを外側に持ち上げる

右手

左手

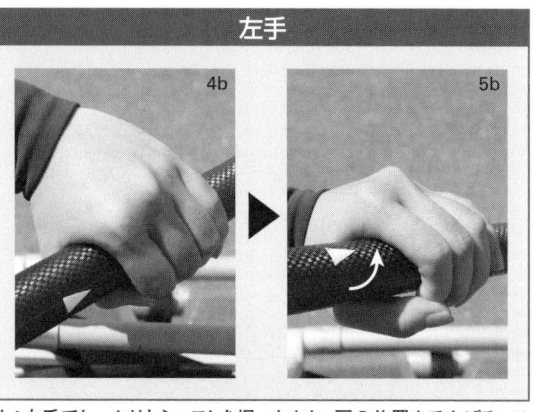

上：右手でしっかりとシャフトを握ったまま、肩の位置まで上げる。これがいわゆる手首を返す、という動作
下：左手は、右手がシャフトを肩に上げるまで前方に突き出したまま、手の中でシャフトが回転することを確認してからしっかりと握る

海上で必要なスキル

からの力の影響を受けやすくなるのである。

パドルを動かせるスペースは、手の長さとパドルの長さで決まってくる。それを最大限に活用すること。漕ぐのは腕の力ではなく、上半身のひねりだ。腕力と背筋力、筋肉の大きさを考えれば、どちらが強いか、持久力があるかは明白だろう。

漕ぐときは腕の押し引きでパドルを回すのではなく、上半身のひねりで漕ぐようにする。最初は、自分の横にいる人に背中を見せるつもりで漕ぐくらいがちょうどいいだろう。

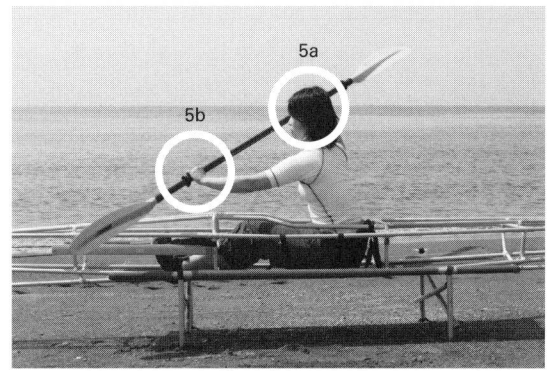

5 右手首を右肩まで引き寄せる。左手は、軽くパドルのシャフトを握っている程度。このときシャフトは左手の中で回転させる。アンフェザーの場合はここでシャフトが回転しないので、手首への負担が軽くなる

6 ブレードをほぼ垂直に水面に差し込み、しっかりと水をキャッチする

7 身体のひねりを利用して、ブレードを身体の脇まで引き寄せる。同時に、漕いでいる方と同じ舷側のペダルを踏み込む

8 反対側のブレードが最初の位置に出たところで、水に入っている方のブレードを外側に持ち上げる。ただし右手のシャフトは自由に回転させる

パドリングは上半身のひねりがカギ

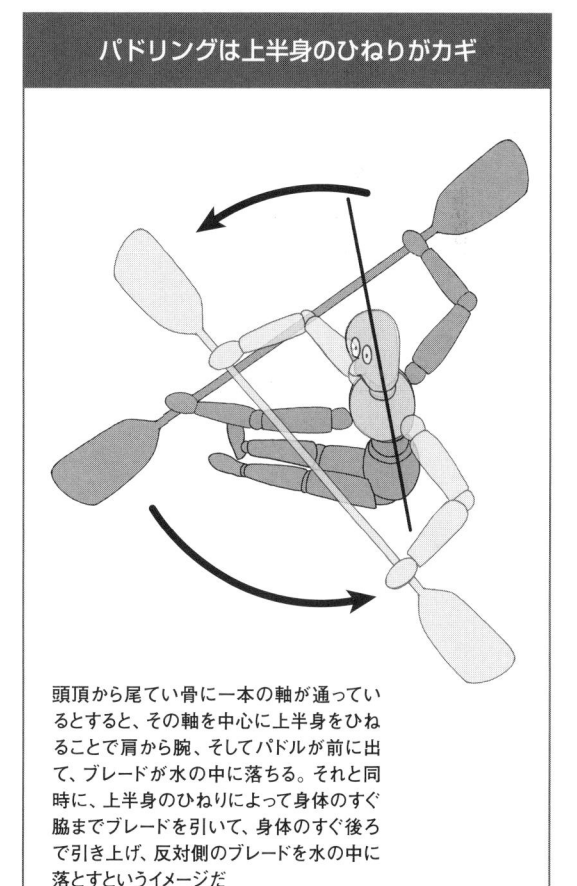

頭頂から尾てい骨に一本の軸が通っているとすると、その軸を中心に上半身をひねることで肩から腕、そしてパドルが前に出て、ブレードが水の中に落ちる。それと同時に、上半身のひねりによって身体のすぐ脇までブレードを引いて、身体のすぐ後ろで引き上げ、反対側のブレードを水の中に落とすというイメージだ

パドルの角度とブレードの通り道

　基本的には、カヤックのすぐ横をブレードが通るように、パドルを立てるフォームで漕ぐことが、効率良く進む条件の一つとなる。しかし、漕ぐときにパドルを左右に切り返すため、運動量も体力の消耗度合いも大きくなるし、空中に高く浮いたブレードによって、風の影響も受けやすくなってしまう。

　その反面、パドルのブレードがカヤックから離れた位置を漕ぐと、カヤックを曲げようとする力に変わってしまう。水面の状況が一瞬で変化する海では、リカバリーのことも考えて、パドルの角度が水面から45度くらいになるように漕ぐのがいいだろう。

　また、パドルの軌跡は、上から見て「ハ」の字になるようにしよう。漕ぐときは、バウ付近の水面にパドルを差し込んで、カヤックのサイドに沿って後ろに引き、斜め後方から引き抜く。上から見ると、左右パドルの動きが「ハ」という字に見えるはずだ。

スウィープストローク
カヤックの向きを変える

　スウィープストロークは、曲がるためのテクニックだ。スウィープとは「掃く」という意味で、言葉通り、水面を掃くようにパドルを動かす。カヤックから離れた水面を漕ぐほど、カヤックに回転させる力を与えることになる。ちなみに、漕いでいる方とは反対側に曲がる力が働く。

　左に回りたいときは、右側を漕いで右側のペダルを踏み込む。

1 ニーグリップでしっかりとカヤックをホールドし、曲がりたい方とは反対側を漕ぐ

2 なるべくカヤックの遠くを漕ぐ。このとき、足は漕いでいる方と同じ側のペダルをしっかりと踏み込む

3 特にブレードが自分の真横から後ろをかくときに、大きく曲がる力が働く。さらに、漕いでいる側にカヤックを傾けるとボトムのカーブが手伝って急角度で曲がることができる

海上で必要なスキル

バックストローク
後ろに進む

　上陸の順番を待つ間にも、寄せる波でどんどん岸に近付いてしまうことがある。常に自艇の位置をキープしておくためには、前後左右に動ける技術を身に付けておかなくてはならない。

　身体をひねってブレードを水面に入れ、上半身を戻す力で水に入っている方のブレードを前方に押し出す。ブレードはフォワードストロークのまま回転させず、背面（ノンパワーフェイス）を使う。

1 上体をしっかりとひねり、後方に障害物がないかを確認しながらパドルを後方に伸ばす

2 ブレードのノンパワーフェイス側でしっかりと海水を捉え、上体をひねりつつ水を前方に押し出していく

3 水を捉えているブレードが前方まできたら、バランスを崩さないようにブレードを水から引き抜く

4 すでに後方にある反対側のブレードを、上体をひねりながらより後ろに持っていく。後方確認を怠らないこと

5 ノンパワーフェイス面は前方に向けたままで、ブレードを水面に入れて水を捉える

6 2と同じように上体をひねりつつ、ブレードで捉えた水を前方に押し出していく

7 静かにブレードを水から抜いてフィニッシュ。ブレードの向きを変えないのは、急な動きに対処するためだ

リカバリーテクニック

カヤックが沈（転覆）してしまったときや、いきなりバランスを崩したときに沈しないためにはどうすればいいか。これを解決してくれるのがリカバリーテクニックである。

セルフレスキューの方法

海が荒れているときは難しいが、海からカヤックに乗り込むスキルは、より実践的となる複数のメンバーでのレスキューテクニックである、後述のTXレスキューでも同様に使う。必ず練習しておこう。

沈脱

1 カヤックが沈したら、慌てずスプレースカートのグラブループを探す。グラブループをしっかりと握り、前方へ強く引っ張る

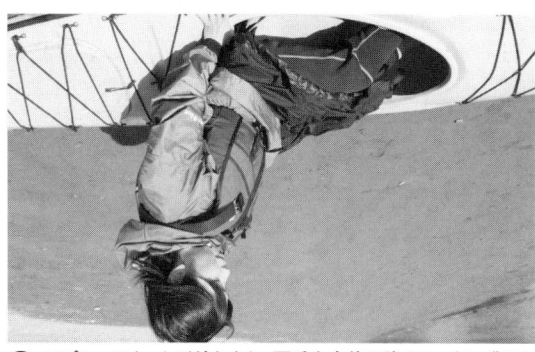

2 スプレースカートが外れたら、両手を身体の脇のコーミングにかけて腰を浮かせ、腰からカヤックの外に抜け出るようにする

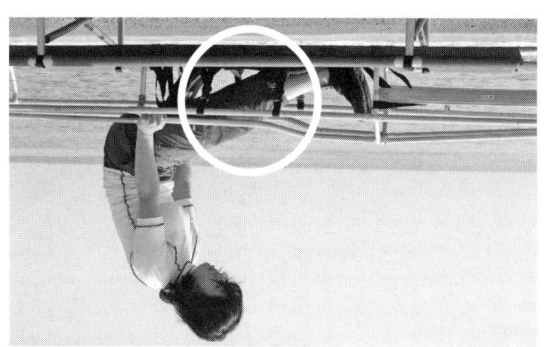

3 慌てて足から出ようとすると、膝がひっかかってパニックになる。必ず腰から抜け出るようにする

再乗艇

1 パドルを持ってカヤックの脇に出て、深呼吸をして落ち着く。周囲を見回し、波が崩れているところや岩場などの危険地帯にいる場合は、バタ足などでその場から離れる

2 安全な場所と見極められたら、コクピットの横に移動してカヤックをゆっくり元に戻す。大半の水はこのときに抜ける

3 パドルのブレードにパドルフロートを差し込み、もう片方のブレードをコクピットのスターン側の再乗艇用ベルトに引っかける

海上で必要なスキル

　このセルフレスキューに関しては、カヤックを始めて日が浅い頃からしっかりと身に付けることをおすすめする。なぜなら初心者でも上級者でも、一人で沈脱をしてセルフレスキューをしなければならない状況というのは、自分のスキルのレベルを超えているはずだからだ。セルフレスキューができるかどうかは、自分一人で海に出る場合、出艇への条件の大きな判断材料の一つになる。

　そして、それを確実に判断できるようになった頃には、すでに初心者の域を脱しているといえるだろう。

4 片手をコーミング、もう片方の手をカヤックに挟んだブレードにかけ、片足をパドルフロートに引っかける

5 体重を少しパドルフロート側に残しておきながら、カヤックの上にはうように身体を持ち上げ、うつ伏せのまま、もう片方の足をコクピットに滑り込ませる

6 身体を回転させながらパドルフロートに乗せた足を入れる

7 スプレースカートをコーミングの後方からすばやくはめていく

8 前を少しだけ開け、ビルジポンプを差し込んで残った水を汲み出す。コクピットに水が大量に残っていると、カヤックは不安定になる。水が減ったら安全な場所に避難しよう

9 パドルやパドルフロートなど、レスキューに使ったものを回収し、すばやくコクピットに入れてスプレースカートをすべてはめる

TXレスキュー
より実践的なレスキュー方法

初心者がいきなり一人で海に出ることはまずないだろうし、本書としてもそうしたことは絶対にやめてほしい。たいていは経験者数人と海に出ることになるだろう。ダイビングなどのように「バディ」方式で、何人かでのカヤッキングをすすめたい。カヤッカー数人でツーリングに出れば、沈したときには片方がサポートに付くTXレスキューが行えるからだ。

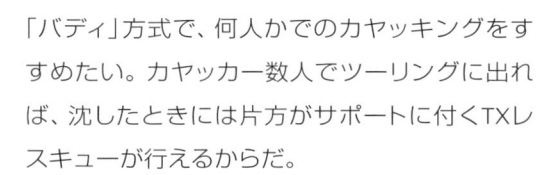

海の上では、セルフレスキューよりもこちらの方がはるかに実践的である。それに、沈するの

1 沈（転覆）をした相手のカヤックのバウ（船首）側に、速やかにカヤックを寄せる

2 バウを持ち上げて水を抜く。バウをコーミングに乗せてもいい。レスキューする側は自分のカヤックを足でホールドし、される側はスターン側に回ってスターンを少し沈める。パドルは離さない

3 水が抜けたら、カヤックをひっくり返して元に戻す

4 レスキューされるカヤッカーがいる方と反対側に回る。レスキューされる側はパドルを相手に渡し、する側は双方のパドルを使いつつ、カヤックのコーミングをつかんで固定する

5 レスキューされる側は、バタ足をして一気にカヤックの上に腹ばいではい上がる。このときに一番カヤックに力がかかるので、レスキューする側はしっかり体重をかけて押さえる

6 レスキューされる側は、頭をスターンに向ける

海上で必要なスキル

は必ずしも初心者とは限らない。助ける側の方法を知っていれば、助けられる側もどのようにすれば助けられやすいのかがわかるはず。初心者でもどのようなものかは早い時期に知っておく必要がある。

7 レスキューされる側は、レスキューする側を見ながら身体を回転させてコクピットに滑り込む。こうすることで外側に加重しにくくなるので、レスキューする側はされる側の体を支えやすい

8 スプレースカートを半分付けてから、再度コクピットに入った水をビルジポンプなどでかきだし、パドリングに影響がない状態になってからスプレースカートを全てはめる

レスキューするカヤックが2艇以上の場合

レスキューする側が2艇以上いるときは、2艇ともレスキューされる側の片側に取り付いて支えることもある。人がカヤックに乗り込むときには、かなり強い力がかかる。

沈したらどうする？

たいていの場合、自分で「沈しよう」と思ってすることはない。リカバリーできない状況に突然陥るから沈するわけで、このような場合は沈したカヤッカーのパドリング技術を上回ってしまっていることが多い。

沈をすると、多くの人は怖がったり、心理的に大きなダメージを受けたりする。レスキューによって再び漕げる状況になっても、萎縮して漕げなくなってしまうのだ。沈してしまったパドラーは、リカバリー後もなるべく早く安全なところに上陸するようにし、助けるパドラーは、陸に向かう途中も声をかけたりして元気付けるようにしてほしい。厳しい状況下ほど、ポジティブシンキングが必要になってくるのだ。一番大切なのは、カヤックがひっくり返ってもあわてないことである。

ロウブレイス

　カヤックがグラリと傾いて「危ない」と思ったときに、傾いた側の海面をパドルでたたくことによって体勢を立て直すテクニックがロウブレイスだ。パドルさばきだけでなく、下半身を使うこのようなリカバリーも非常に大切。これは柔道の受身の技術に通じるものだ。

カヤックが傾いても上半身は垂直を保つ、というのがバランスをとるための原則。そのためにニーグリップをとり、腰を自由に動かせるようにしているのである

1 カヤックが傾いた。その瞬間にひざでカヤックを内側からしっかりとホールドする（ニーグリップ）。上半身はできるだけ海面に対して垂直にしたままで、傾いた側にパドルを出しブレードの背で海面をたたく

2 そのショックで傾いた側のひざを上に蹴り上げるようにして、傾いたカヤックを元に戻すようにする

3 ニーグリップを使ってカヤックの姿勢を立て直す

その他のパドリングテクニック

ドローストローク

　パドルを真横に出してブレードを海面に差し込み、そこを基点としてカヤックを引き寄せる。文字通りカヤックを引き寄せる（ドロー）テクニックだ。

1 ニーグリップで下半身をカヤックと一体化させる。カヤックを引き寄せたい方向に、肩ごと上体をひねってからブレードを真横に出す

2 ブレードの向きをカヤックと平行にして水面に突き刺し、お尻に向けて漕ぎ寄せる。カヤックはあまり傾けないこと

海上で必要なスキル

3 引き寄せる方と反対の手は、ほぼ額の前に固定されている。最後はブレードを後方に抜く

スカーリング

進みたい方向にブレードを入れて左右に振ると、カヤックが引き寄せられて横に移動するテクニック。ブレードがスクリューの羽根1枚となるイメージだ。パドルを立てるとより効率良く移動する。また、ドローストロークのように一気にではなく、少しずつ動く。常に推力を保っているので、バランスを崩しにくい。

1 移動する方向に上半身を向けて、身体の前にパドルを持ってくる。進みたい方向と逆の手を額の前に持っていき、ここをパドルの支点にする

2 進行方向の斜め前方にパドルを動かす。シャフトの角度は水面に対して約45度。パドルを動かす方向がカヤックに近いと沈をしやすくなる

3 下半身はしっかりとニーグリップをとって、バランスを崩さないようにする

4 後方に漕ぐと、漕いだ場所にカヤックが引っ張られるように横移動する。漕ぎきったら右手首を返してブレードの向きを変える

5 スターンからバウに向けてパドルを斜め前方に動かす。パドルを振り子のように動かすことによって、カヤックが平行に移動する

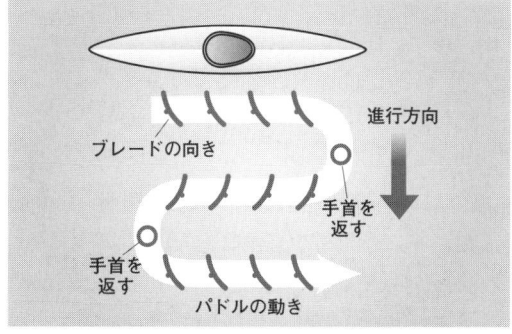

上のイラストは、パドルの動きとブレードの角度の関係を表したもの。実際はパドルを動かしたぶん、その方向に進んでいく

ハイブレイス

ロウブレイスではリカバリーしきれないほど傾いてしまったときや、自分のカヤックのすぐ横で自分の肩よりも高い波が崩れてしまったときのリカバリーテクニックが、ハイブレイスだ。ただし、このテクニックは初心者にはすすめられない。波の力はときにパドルのシャフトを折るほど強く、海面は思いのほか硬いので、肩を脱臼する可能性が非常に高いということを肝に銘じてほしい。

パドルをきっかけに、カヤックに固定した下半身のスナップを使って、上体よりも先にカヤックを起こす

エスキモーロール

エスキモーロールとは、転覆して天地逆になっている状態から、カヤックから脱出することなく元の状態に戻るというテクニックである。パドルで海面を漕ぐことによって生じる揚力をきっかけに、腰のひねりとカヤックの復原力を使って行う。本書は入門書ということもあり、エスキモーロール（通称ロール）については簡単な解説にとどめておく。本を読むだけで習得できるものではないからだ。できるに越したことはないが、できなくても、ロールが必要となりそうな海には出ない判断をする力を養うほうが先なのだ。

ロールはセット、ヒップスナップ、フィニッシュの3動作。ひっくり返っても落ち着いてセットし、パドルと水の抵抗によって支点を作る。腰の回転でカヤックから先に起こし、上体を最後に起こしてフィニッシュ、次の動作に移る、という順番となる。

パドルの大きな動きが目に入るので、パドルで起き上がっているように見えるが、実際はカヤックをしっかりとひざでホールドし、腰のひねりを使ってカヤックを起き上がらせている。ブレードを海面近くで回すことによって発生する揚力を、起き上がるきっかけにする。ある程度カヤックが起き上がってきたあとは、カヤックそのものの復原力で元に戻る

準備運動

当然のことながら、シーカヤックはスポーツだ。怪我をしないよう、ストレッチを中心とした準備運動は十分に行おう。パドルを使った準備運動もある。

ストレッチは、手首、肩、腰、足を重点的にしたい

出艇

シーカヤックはクルーザーヨットやモーターボートなどよりも小さく、持ち運びが楽なので、ビーチ（砂浜）や小さな漁港のスロープなどさまざまな場所からの出艇が可能だ。ただし、ビーチから出る場合は波の特性について理解しなければならないし、港から出艇する場合は漁船など他の船の動きにも注意しなければならない。最初はツアーに参加したり経験者と海に出るよう心がけ、海の特性やルールを学んでいってほしい。

カヤックの乗り方

段差がある場所で出艇する際は、この方法を使うことができる。パドルの片方を陸地、もう片方をコーミングにおいて体重をかけ、足からコクピットに滑り込ませる。

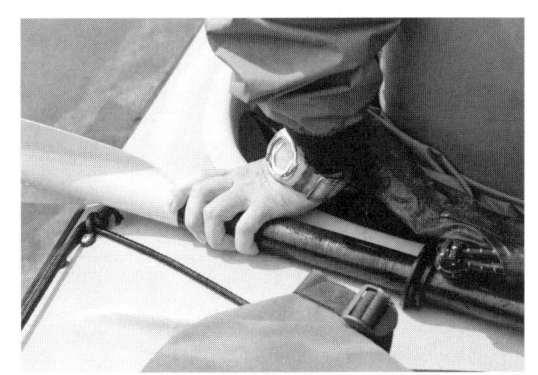

1 カヤックを岸と平行にし、コーミングの後ろにパドルのシャフトを置いて腰を落とす。陸側のブレードはノンパワーフェイスを下にする

2 シャフトとコーミングを一緒に押さえ込み、体重をかける。普通のパドルなら折れることはない

3 腰をずらすようにして重心を移動させ、足をコクピットに滑りこませて最後に腰を入れる。体重はコーミングをおさえた手にかけ続ける

スプレースカートの付け方

コクピットの中に水が入ると、カヤックのバランスが極端に悪くなる。スプレースカートがなかったために天気の急変に耐えられず、遭難してしまった例もあるくらい、重要な装備なのである。

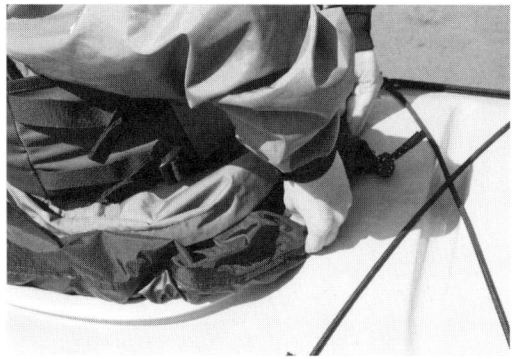

装着方法はどのスプレースカートも同じだ。コーミングの後方からはめていき、前方のグラブループが外に出ているかを確認し、全体をはめ込む。両手を使わなければはめられず、その間はパドリングはできない。いったん海が荒れてしまってからでは装着できないと思っておこう。荒れそうなら、あらかじめはめてから海に出るようにしたい。

ビーチからの出艇

波がほとんどないときは、気持ちのいい砂浜から大海原に出て行きたい。ただし、多少なりとも波が入ってくることが多いので、その回避方法を記しておきたい。

ビーチから出艇する場合は、テトラポッドの後

1 スプレースカートはコーミングの後ろ側からはめる。スカートの端にあるショックコードを探し出し、コーミングの後ろに引っかける

2 スカートをコクピットの後方から前へはめ込んでいく

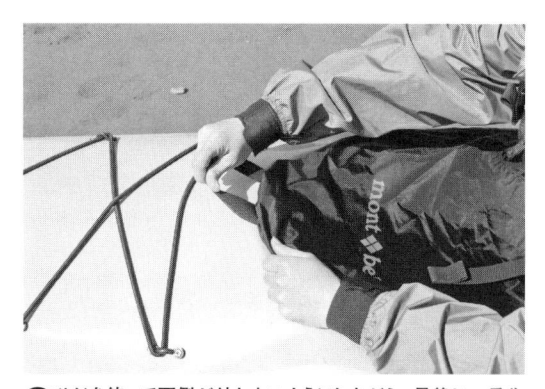

3 ひじを使って両側が外れないようにしながら、最後に一番先頭をはめ込む。グラブループ（右手でつかんでいるもの）が外に出ていることを確認すること。全周がコーミングにきちんとはまっていることを確かめ、テンションが均一になるように調整する

1 波はいつも同じ大きさではない。しばらく波を観察し、カヤックを置いてもすぐに流されず、乗っても海に出やすい場所を見極める

2 波打ち際にカヤックを置いて足先から乗り込み、スプレースカートを付ける。パドルと手を使い、引き波に合わせて少しずつ沖に進んでいく。波でカヤックが浮くタイミングで沖に出る

海上で必要なスキル

3 波が崩れた後、もしくは崩れていないところを狙って沖に向かう

4 波が目の前で崩れてしまったら、パドルはカヤックと平行に持ち、頭を低くして波の抵抗を極力減らすようにする。足でしっかりとカヤックをホールドしてやりすごす

ろなどの波が小さくなる場所を選ぶこと。カヤックに乗り込んだら、すぐにスプレースカートを付ける。波のブレイクゾーンを横切るときに水が入る可能性は高く、水の入ったコクピットは極端に安定性を失うことになるからだ。

　カヤックを置く場所や出艇のタイミングの判断は、経験によるところが大きい。最初は上級者にサポートをお願いしよう。

着艇

　出艇の時と同様、波が入っていない場所がいい。ビーチも静かであれば問題ないが、波が崩れている状態では出艇時以上に上陸が難しい。サーフテクニックという特別なスキルが必要となる。

　もしブレイクポイントで沈してしまった場合、

1 波が立っている場所に上陸しなければならない場合、波が崩れるブレイクポイントの後ろまで漕ぎ進んだら、そこでしばらく待機する。波が来るタイミングや大きさなどを観察して、リズムをつかむ。毎回必ずというわけではないが、3〜4回に1回は小さい波が来るというリズムがあるものだ

2 小さい波のときに上陸を敢行する。小さな波が来たらいったんやり過ごし、波の背を追いかけるようにして一気にビーチまで漕ぐ

3 そのままの勢いでビーチに上陸する

4 すぐにスプレースカートを外し、カヤックから降りる

5 バウのグラブループを握り、波が来ないところまで引き上げる

そのときの海の状況や天気、できればカヤックの回収方法なども考えて、最も適した上陸場所を判断しなければならない。漁港などを使う場合はスロープの中央から上がろうとせず、端を使って漁業関係者などに迷惑のかからないようにすること

すばやくカヤックから抜け出て（沈脱の要領）、カヤックよりも沖側に身体を持っていくこと。陸側にいて波に乗ったカヤックにぶつかると大怪我をする可能性がある。これは上陸時に限らず、ビーチでは必ずカヤックよりも沖側に立つことが原則である。

また、乗降時にカヤックの上に立つのは厳禁。腰がシートに落ち着くまでは、コーミングに手をかけてそこに体重がかかるように心がける。コクピットを離れるときは重心は低く、中央に、が原則だ。

カヤックから降りるときは、乗るときと同じで、パドルの片方は陸地、片方はコーミングの後ろに固定し、両手は陸側のパドルのシャフトと、海側のカヤックとブレードに置いて体重をかけ、腰の位置を移動するようにして身体を陸に上げる。

夏の海水浴シーズンはカヤックの進入を禁止しているビーチもあるので、事前に確認を。漁港についても、あらかじめ申請をしないと使えない場所もある。

サーフテクニック

訓練を積めば、カヤックでサーフィンをすることもできる。サーフィン用のカヤックもあるほどだ。5m近い長さがあり、腰から下が固定されているカヤックでサーフィンを楽しむには相当の練習が必要。だが、波に乗ったときの気持ちよさは言い表せないほどなのも確かだ。

ブローチング

1 波が崩れてくる方向を注意深く観察しつつ、波に乗るタイミングをはかる

2 カヤックのスターンが持ち上がって波に乗りかけたら、スターン側にパドルを入れるなどして、意識的にカヤックを波と平行にする。波に乗ってしまう前にカヤックを横にする方法もある

海上で必要なスキル

3 崩れてくる波にパドルのブレードを入れて波を押さえるようにしながら(ブレイス)、カヤックを波の方に傾ける

4 波が崩れきるまで、パドルで波頭を押さえながら横滑りしていく。陸側に体重をかけると、波に巻き込まれて沈してしまう

　主にサーフゾーンで波頭が崩れた横波を受けてしまうときに、カヤックを波と平行にしてパドルのブレードを波の方に水平に出し、波頭を押さえるようにして横滑りしながら沈を防ぐテクニック。ニーグリップを使ってしっかりとカヤックをホールドしていないと、パドルとカヤックにかかる水圧で簡単にひっくり返されてしまう。パドルはローブレイスの位置にすること。頭の高さよりも大きな波であればハイブレイスでのブローチングになるが、この場合は脇を締めてひじをわき腹にくっつけるようにする。肩より上で構えると脱臼する恐れがある。

　安全に出艇および着艇するためには、波がない、もしくは小さい場所を探して行う。

海で起きる
現象と障害物

海上には、陸上にはないさまざまな障害物や危険がある。
公園のボートではないから、自分自身が管理者にならなくてはならない。
安全にシーカヤックを楽しむためには、海の危険性も十分知っておきたい。
知識があれば、危険回避も早い段階で取ることができる。

海における3つの力を知る

海の上をパドリングするにあたって最も影響を受ける3大要素が、波、潮流、風である。どれも快適なツーリングを邪魔する厄介者だが、それが自然そのままの姿だ。これらの仕組みを理解していれば、逆に利用することもできるし、パドリングスキルの上達も早い。

たとえば、サーフゾーンで崩れる波はツーリングでは注意すべき対象だが、波の力を借りれば、スピードを出して進むこともできるのだ。

波

シーカヤッキングにおいて、波は基本的に避けて通るべきものである。特に沖に出るときや陸地に戻るときは、極力波のない場所を探すように心がけたい。波のしくみを理解して、うまくいなしたり利用したりするようにしよう。

● 波の発生から消滅まで

波は主に風によって発生する。風が吹いているところには不規則で細かい波ができ、これを風浪という。波の大きさは風の強さ、吹き続ける時間、それに距離によって決まる。いくら風が強くても、吹く時間が短いときや、ごく狭い範囲で吹きつけるときは大きな波にならない。

風で発生した海面の乱れが距離を経るにしたがって、次第に振動に変換されて伝わっていくのがうねりである。うねりは海岸近くになり水深

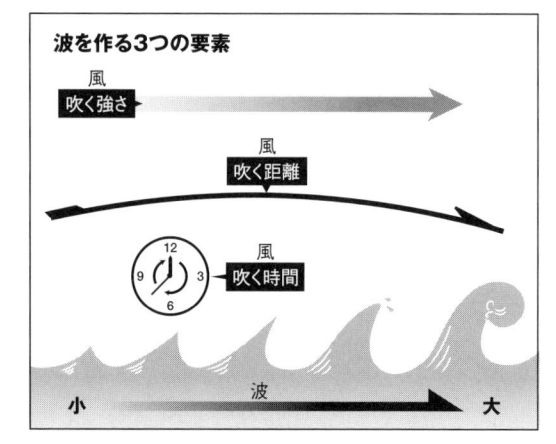

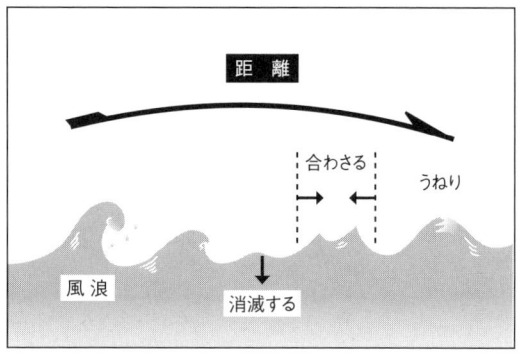

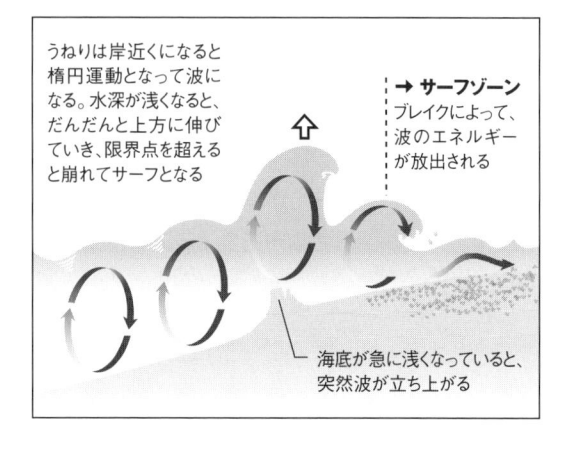

海上で必要なスキル

浅くなってくると、上下運動から次第に楕円運動に変わり、限界点を超えると、波の頂点は崩れてエネルギーが発散され（ブレイク）、サーフとなって海岸に打ち寄せる。

●波とパドリング

波の原理を知っていると、横波のときなぜカヤックを波の方向に傾けるのか、なぜ波の中にパドルを預けるのか（ブローチング）など、技術に対する理解も深まる。

また、波のエネルギーは想像するよりもずっと大きいので、天気予報では波高に注意を払おう。波のエネルギーは、高さの2乗に比例する。つまり波の高さが2倍になれば、エネルギーは4倍。落ちてくる波でパドルのシャフトが折れたり、カヤックが壊れたりすることもある。ツアーの内容にもよるが、波高3mをツアー実施か否かの一つの基準としているガイドが多いようだ。

潮流と潮汐

●潮流の仕組み

潮汐は月と太陽の引力によって発生し、潮流はこの潮汐によって発生する流れだ。海の流れには海流と潮流があるが、海流に関しては、海峡横断などのロングツーリングや、黒潮の分流が強く影響を及ぼす南伊豆など、太平洋に突き出た半島の先端を漕ぐ計画でない限り、ほぼ無視しても問題ない。

しかし潮流は、場所によっては考慮に入れなくてはならない要素となる。日本では、「鳴門のうず潮」に代表される瀬戸内海などが有名な場所

だろう。海図では矢印で表示され、矢印のしっぽに羽が書かれているのが上げ潮（干潮→満潮）、矢印のみのものが下げ潮（満潮→干潮）を表し、矢印の方向は流れていく方向を示す。北流といえば、南から北へ流れる潮流だ。風向の呼び方とは逆になる。速さはノット表示となっている。

●潮流と川の流れ

島と島の間、岬と島の間などの狭いところを流れる潮流は、水の流れるホースをしぼる様子を想像すればわかりやすい。そこでは流速が増し、川の流れと同じ現象が発生する。障害物の後ろなどに反転流（エディ）が、海底の地形によって上昇流（ボイル）ができる。

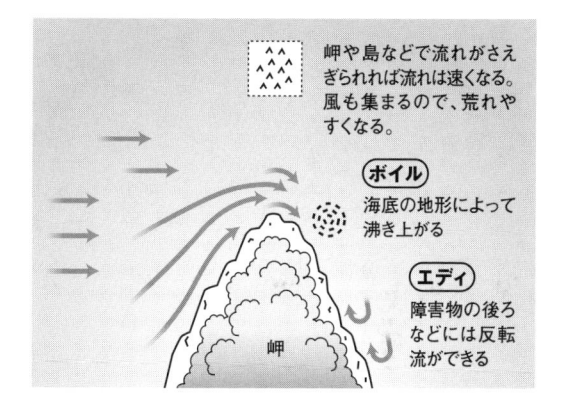

```
岬や島などで流れがさえぎられれば流れは速くなる。風も集まるので、荒れやすくなる。

（ボイル）海底の地形によって沸き上がる

（エディ）障害物の後ろなどには反転流ができる

岬
```

●風

風はパドリングへの影響が最も強い。風の方向によって、漕ぐスタイルを変えなくてはならない。正面や真横から強く吹いている場合は、パドルのシャフトを寝かせるのがいいだろう。真横から吹いている場合は、フェザー角によって空中で翼状になったブレードが風にとられる可能性もある。風は摩擦の大きい陸地を嫌うので、岬の突端や海峡では風が集まって強風になる。

海面を見れば、風が吹く場所にさざなみができるので、どこを渡っているかがわかる。海から陸に向かって吹く風をオンショアといい、陸から海に向かって吹く風をオフショアという。

風とパドリングスタイル　正面から強い風が来る場合はパドルを寝かせる

フェザーパドル　横風だとパドルをとられる可能性がある

アンフェザーパドル　パドルをとられにくい

　オフショアが吹くと、波にとって向かい風となるので、波はより高く立ち上がる。地面近くでは、摩擦のため上空にあがった風が、開けた海岸や海上に出て上空から吹き降り、強くなることがある。

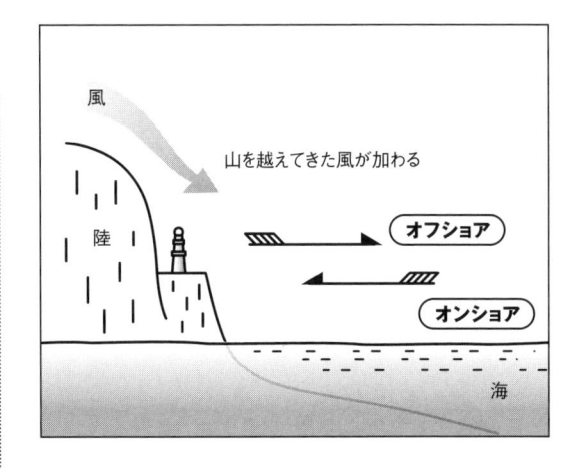

山を越えてきた風が加わる
オフショア
オンショア
陸
風
海

紫外線の影響

　海上での照り返しは強烈だ。日焼け予防は十分に行うこと。暑いからといって肌を露出させるのは危険だ。休憩時はタープなどで日陰をつくるようにしよう。

海の危険箇所

　海や海岸付近には、注意すべき現象や障害物、船がたくさんある。緊急時に対応できるよう、それぞれの特徴を頭に入れておきたい。

風

　オフショアが吹くとき、断崖の直下は風裏となって静かなのに、沖に出ると突然強風に見舞われることがある。海面の状況には常に気を配らなければならない。そして、風は摩擦の大きい陸地を嫌うので、岬の突端や海峡では風が集まって強風になることも覚えておこう。

三角波

　断崖にぶつかって反対方向にできる波（反射波）と、沖から寄せる波がぶつかって山のように盛り上がる波を、三角波という。波の方向と逆の風が吹いたときでも、同じ現象が発生する。これに乗るとカヤックのコントロールを失うことがある。断崖が続く場所は海底地形が複雑な

海上で必要なスキル

場合も多く、予期できない波が発生することがあるので特に注意が必要だ。

うねり

風などでできた波が、遠くに伝わっていく間に消えたり他の波長に吸収されたりして、大きな波長となって伝わるのがうねりである。うねりは波長が長いほど速く伝わり、減衰も遅い。台風などで発生した南の海上のうねりは、遠く日本まで届くことになる。台風の位置が北緯20°のラインを超えると、太平洋岸まで届くと考えていい。

リップカレント

海岸に打ち寄せた波は、再び沖に戻る。しかし、波は次々と海岸線に向かって寄せてくる。そのため沖に戻ろうとする波は、打ち寄せる波の力の弱いところを通ろうとする。結果、海岸線への波の流れと、沖への流れができあがる。この沖への流れを離岸流（リップカレント）という。

もしあっという間に沖に流されてしまったら、この離岸流に乗ったと思っていいだろう。そんなときは、いったん海岸と平行に漕いで流れから外れ、岸に向かう。慌てて海岸に戻ろうとしても体力を消耗するだけだ。また、陸上からこの流れを見つけるのは難しい。地形から判断するスキルも必要だ。

漁船

シーカヤックは、三浦半島や伊豆半島ではだいぶ認知度が高まっているとはいえ、日本全体で見ればまだまだマイナーな存在である。漁師は自分の漁場にシーカヤックがいるなど、思いもよらないかもしれない。

早朝や夕方は特に漁船の出入りが激しい。漁期が決められている漁場では、何隻も一気に漁場に向かうこともある。邪魔になるようなことは絶対にしないこと。舵を固定して作業する漁船もあるので、常に動きに気を付けよう。

また、推進力でバウが立ち上がった漁船は、前方間近の視認性もあまり良くない。早めの対応をしたい。漁船が通るコースはほぼ決まっているので、ガイドや地元の人から情報を集めておこう。大型船が通る航路の横断はしないこと。航路の位置は、浮標や海図で確認する。

漁労具

大きな湾内をパドリングしていると、漁船が通り過ぎた後をブイが追いかけているように見えることがある。まき網漁船などが曳く網にも注意。網を曳いているときには下のような標識を掲げている。

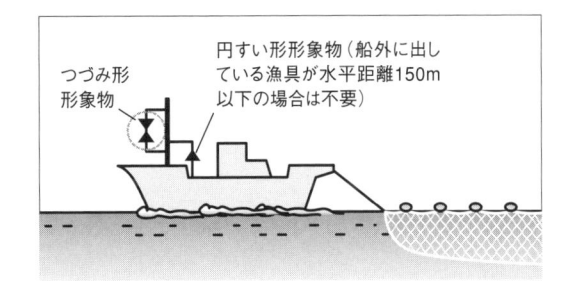

ダイビング船

伊豆や沖縄などダイビングがさかんなところでは、ダイビング船や潜っているダイバーに注意を払う必要がある。船には右のような国際信号旗A旗を掲げている。周囲にダイバーがいると考えられるので、近付かないこと。

海の危険箇所マップ

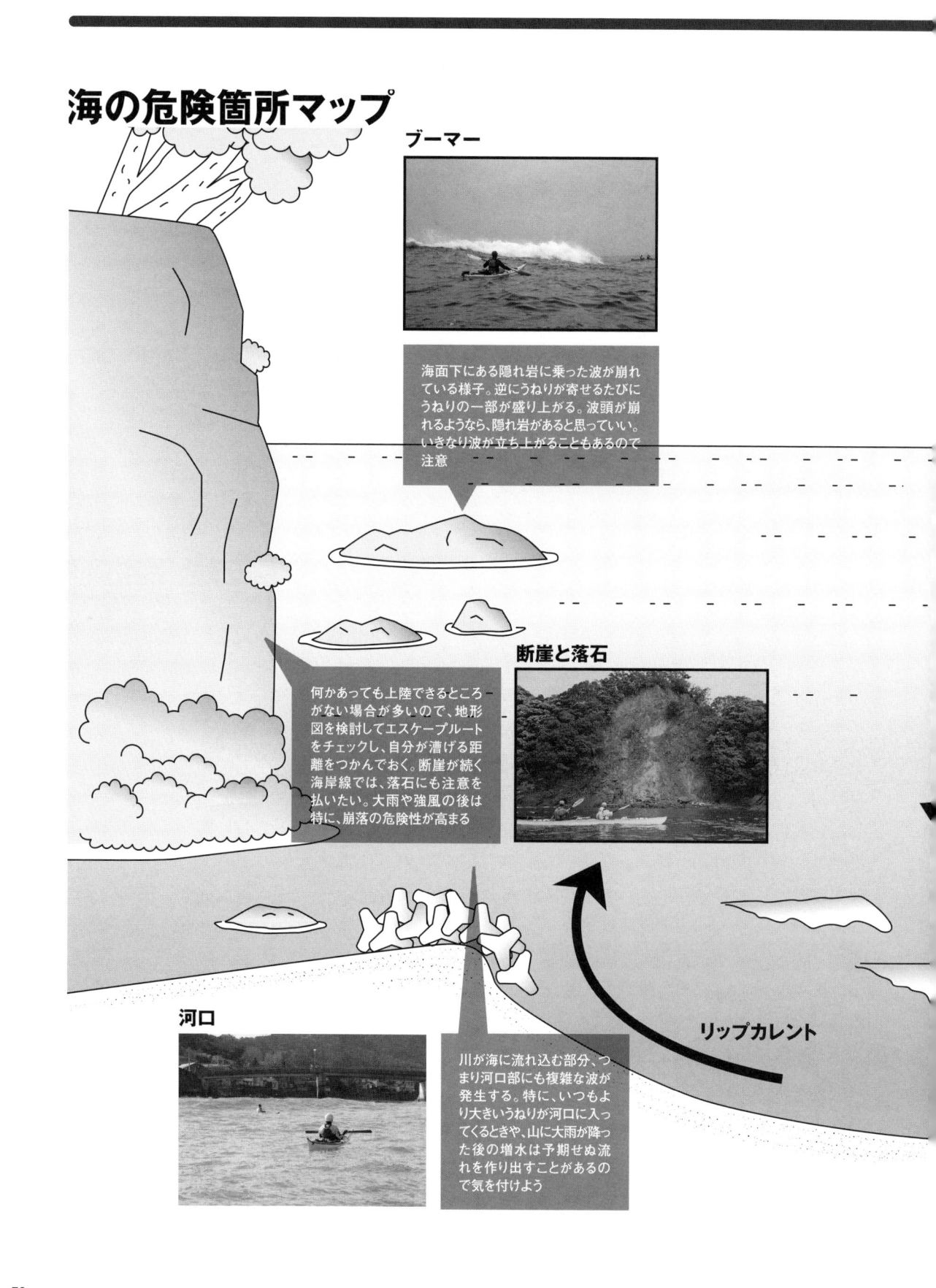

ブーマー

海面下にある隠れ岩に乗った波が崩れている様子。逆にうねりが寄せるたびにうねりの一部が盛り上がる。波頭が崩れるようなら、隠れ岩があると思っていい。いきなり波が立ち上がることもあるので注意

断崖と落石

何かあっても上陸できるところがない場合が多いので、地形図を検討してエスケープルートをチェックし、自分が漕げる距離をつかんでおく。断崖が続く海岸線では、落石にも注意を払いたい。大雨や強風の後は特に、崩落の危険性が高まる

河口

川が海に流れ込む部分、つまり河口部にも複雑な波が発生する。特に、いつもより大きいうねりが河口に入ってくるときや、山に大雨が降った後の増水は予期せぬ流れを作り出すことがあるので気を付けよう

リップカレント

海上で必要なスキル

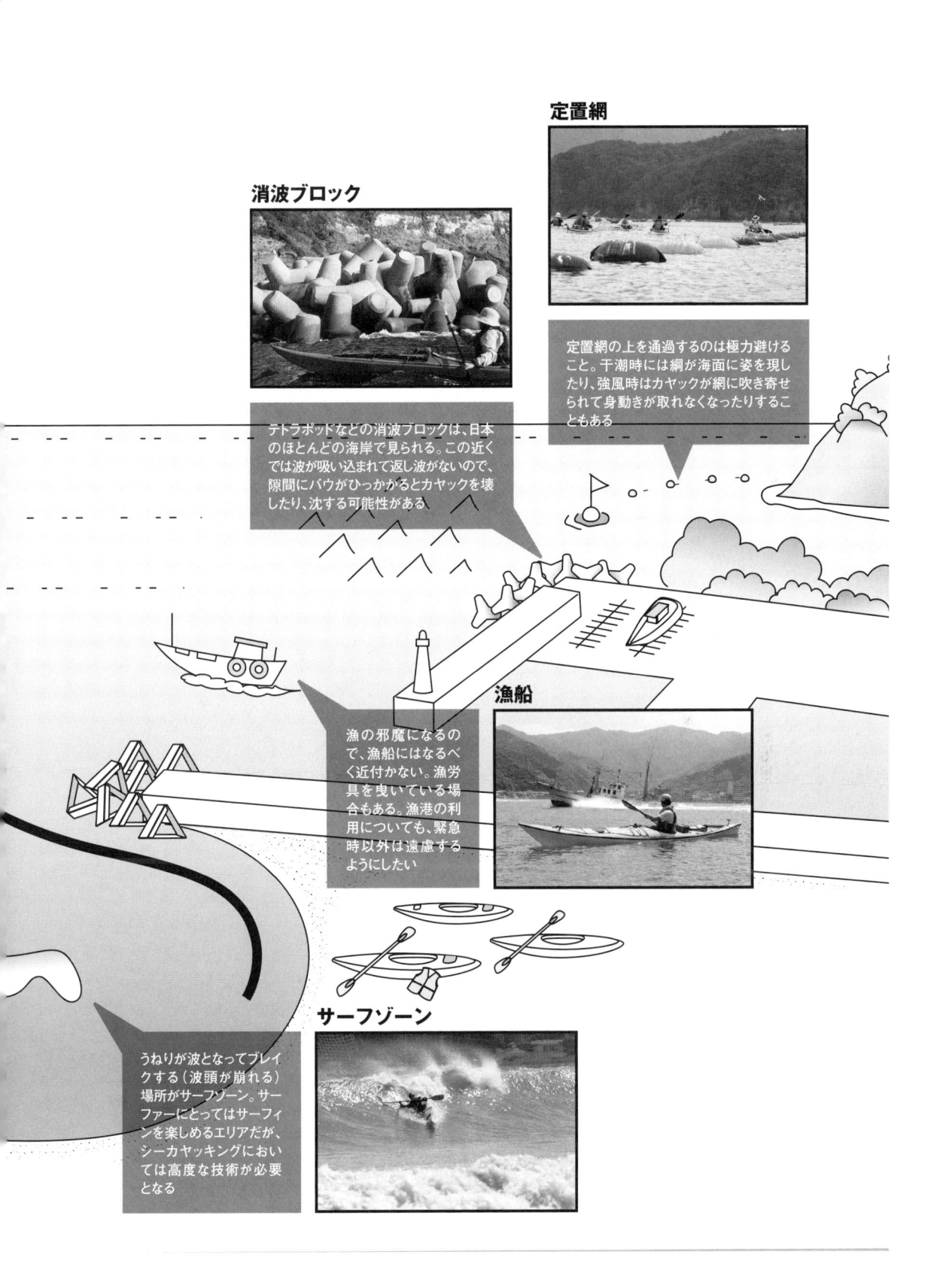

消波ブロック

定置網

定置網の上を通過するのは極力避けること。干潮時には網が海面に姿を現したり、強風時はカヤックが網に吹き寄せられて身動きが取れなくなったりすることもある

テトラポッドなどの消波ブロックは、日本のほとんどの海岸で見られる。この近くでは波が吸い込まれて返し波がないので、隙間にバウがひっかかるとカヤックを壊したり、沈する可能性がある

漁船

漁の邪魔になるので、漁船にはなるべく近付かない。漁労具を曳いている場合もある。漁港の利用についても、緊急時以外は遠慮するようにしたい

サーフゾーン

うねりが波となってブレイクする（波頭が崩れる）場所がサーフゾーン。サーファーにとってはサーフィンを楽しめるエリアだが、シーカヤッキングにおいては高度な技術が必要となる

針路を定める
ナビゲーション

海の上には、標識も住所を記した看板もない。
海面は静かなときもあれば波でうねることもあり、さらに潮流や海流などさまざまな流れがある。
状況は刻々と変わるので、自分が今どこにいるのか、目的地に行くにはどこに向かって
どれくらいのスピードで漕げばいいのかを常に把握していなければならない。
シーカヤックでの旅やツーリングで針路を決めるための手段、それがナビゲーションなのである。

ナビゲーションの基礎知識

ナビゲーションというと、車で使うナビゲーションシステムのように、実際にフィールドで行うものと思うかもしれない。だがカヤックの世界では、出発までの準備として情報を集め、編集する「広義」のナビゲーションと、実際に海に出てから今どこにいるのか、針路をどう取るのかという「狭義」のナビゲーションがあることを覚えておこう。

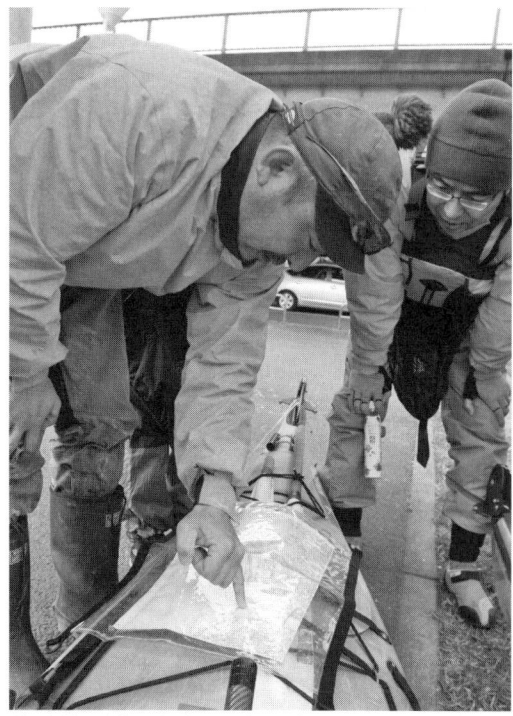

どこを通ってどこに行くのか、グループでのツーリングの場合でも全員が同等の情報量を持っておく必要がある

シーカヤックで最も難しく、経験が必要なのは、ロールでもサーフテクニックでもなく、「判断」だ。ナビゲーションは、この判断を導き出すテクニック。そのための第一歩として、あらゆる事態に対応できるよう、漕ぐ予定のエリアの情報をできる限り集めておくことが必要だ。グループで行くときも、皆が同じ情報を持つこと。これがまず最低限必要なことである。

また、自分のスキルレベルも把握すること。グループで漕ぐ場合は、お互いのレベルを十分知っておくことが必要だ。これは、実際に一緒に漕いでみないとわからないことが多い。最近はインターネットの普及により、顔を知らない者同士がメールのやり取りだけでお互いのスキルのレベルを判断するという例もあるようだが、これはすすめられない。

これらの、ある意味面倒な段取りと判断をプロに任せること、それがガイドツーリングだが、自分で判断と行動ができるようになったときに、一人前のシーカヤッカーが完成したといえるだろう。

進むスピードを把握する

まずは沿岸をトレースするように漕いで、シーカヤックのスピードが地図上でどのくらい移動するのかを感覚的につかんでいこう。経験から得た知識や感覚が最も重要だ。また、自分の平均

海上で必要なスキル

的なスピードがわかっていると計画も立てやすいし、海上でもナビゲーションがしやすくなる。

詳細なナビゲーションが不要なガイドツーリングなどに参加するときも、地図を携行して地図上の表記と実際の様子を見比べておこう。地図の記号が実際はどのようになっているかをつかんでおくといい。

海里（ノーティカルマイル）とノット

ナビゲーションでは、どうしても専門用語を使うことになる。特に、速さや長さの単位は独特のもの。必須の知識となるので、覚えておこう。

距離の単位：海里（ノーティカルマイル）

地球の緯度1度の60分の1、つまり1分ぶんの距離を1海里（ノーティカルマイル、n.m.）と定義している。1海里は1,852m。

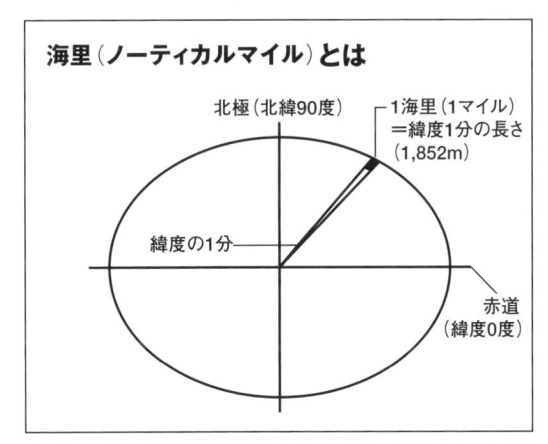

海里（ノーティカルマイル）とは

ノーティカルマイルは陸上で使われるマイル（＝1,609.344m）とは異なるので注意。以前は国によって差異があったが、現在は国際海里として統一された

速さの単位：ノット

1海里を1時間で到達できる速度。つまり、キロメートル表示の時速をノット表示に換算するには、1.852をかければいいのだが、これでは計算が大変なので、2倍した数値の1割引きと考えればいい。

海図に表記される潮流の速さはノット表示な

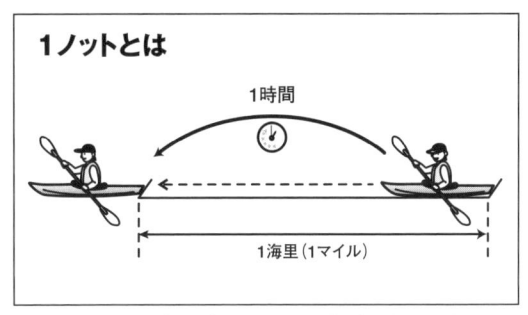

1ノットとは

一定間隔で結び目（ノット）を作ったロープを走る船から垂らし、一定時間に流れた結び目を数えたことから、この単位を使うようになった。シーカヤックのスピードはだいたい2～3ノットだろう

ので、自分の平均的なパドリングスピードをノットで覚えておくのもいいだろう。

フィールド情報を集める

地形図

国土地理院が発行している5万分の1、2万5千分の1の地形図は、主にコースタル（沿岸）ツーリングとなるシーカヤックでは、最も利用頻度が高い地図である。カヤックのスピードは遅いので、目的地の途中で陸に上がって休憩したり、キャンプしたりすることが多い。そのため、海の情報よりも陸上の情報が必要となる。

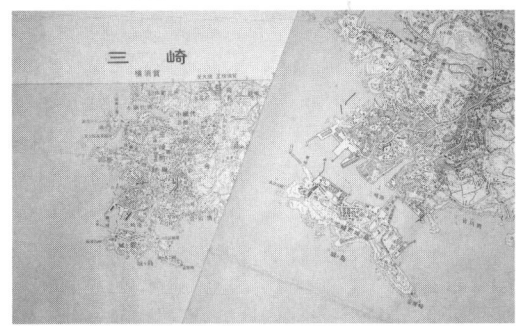

基本的に陸上の情報なので、これに海図から潮流の強さや向き、暗岩や洗岩など浅瀬の情報を書き込んでいく。ツーリング中は現地で得た情報を記録しておくといい。写真は国土地理院発行5万分の1地形図（三崎）、2万5千分の1地形図（三浦三崎）

海図

その名の通り、海の地図。潮流や水深、灯台や浮標（海の標識）など、船が安全に航行するために必要な情報が記載されている。基本的に商船

海図は、基本的には動力船のためのもの。家やベースでの情報収集用として利用するといいだろう。インターネット通販で手に入れることもできる

や、ヨット、モーターボートなどのプレジャーボートでの使用を前提としている。大きいので携行するには不向きだが、大型船の航路も示されているので、瀬戸内海のように潮流の激しい海域を漕ごうとする場合は欠かせない情報となる。

ヨット・モータボート用参考図

プレジャーボートへの持ち込みを前提とした、海図より小さいB3サイズの「ヨット・モータボート用参考図」というものもある。全てのエリアを網羅しているわけではないが、経済的だし、便利だ。

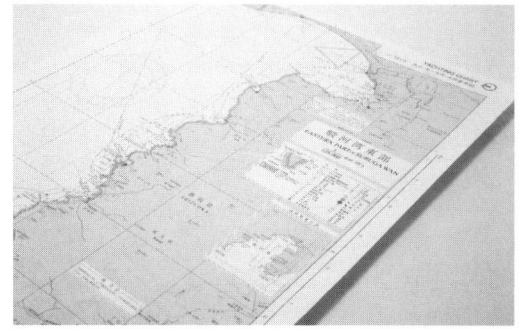

海図よりサイズが小さいので、海上にも持っていける。地図用のコーティング材を塗ったり、ラミネート加工をしておくといいだろう

プレジャーボート・小型船用港湾案内

海図では詳しく掲載されていない、港の目標、針路、障害物などが記された「プレジャーボート・小型船用港湾案内」。一つ一つの港の情報がわかりやすく記載されている。

絶対に必要なものではないが、初めての場所へ行く際など、あらかじめ港の様子を知っておきたいときに便利。船が多い場所で港内をうろつくことは避けよう

※海図や「ヨット・モーターボート用参考図」、「プレジャーボート・小型船用港湾案内」は、日本水路協会のホームページ(http://www.jha.jp/)から購入可能だ。

潮汐表、水路誌

瀬戸内海や九州西側沿岸など、潮流がパドリングに大きく影響を与えるフィールドがある。漕ぐフィールドの満潮と干潮の時間を把握するのは、基礎中の基礎。そうした情報が掲載されているのは、潮汐表や水路誌。潮汐表は毎年、海上保安庁から刊行される。

一般的なガイド誌、地図

常に海に出られるとは限らない。海が荒れてしまったら、いさぎよく陸上観光に切り替えよう。タウン誌や情報誌があると便利だ。

インターネットの活用

インターネットは、今や最も身近な情報検索ツールといっていいだろう。行きたい場所の天気や観光情報は言うにおよばず、潮汐やフィー

海上で必要なスキル

買い出しや食事、キャンプなどの情報収集には、一般的なガイドブックも重宝する。日本の島ガイド『シマダス』(日本離島センター)は島を旅する人必携の辞典だ

ルドガイドが載っているサイトまで見つけることができる。

ただし、これらはあくまでも「参考情報」として捉えておくこと。個人の主観で書かれている情報もあるし、情報ソースも時を経ている場合があるからだ。広義のナビゲーションでは、事前の情報収集とその情報の整理が大切だ。

コース案を作成しよう

載せられる荷物の量に制限があるシーカヤックでは、地形図と海図の両方を持っていくことは難しい。実践的なのは、地形図をベースに海図の情報を書き込んでいく形だろう。自分のスタイルに合わせてアレンジしていくといい。この情報収集および編集という「広義」のナビゲーションの作業は、出発前までに終わらせておいてほしい。

実際のコースを決める上で必要なのは、常に、何かあったときのためにエスケープ(避難)ルートを考えておくことだ。例えば、Aという岬を越えてしまうと上陸できるポイントがない、という場合は、どこに上陸するか、Aを過ぎる前に早めに判

主な海図図式

漁港	ヨットハーバー マリーナ	⚓	錨地	～～	渦流
	川		魚礁		海草
港界 Harbour limit	港界	Wk	船体の一部を露出した沈船	1.5kn →	海流一般
	灯の位置	Wk	危険全没沈船 (沈船上の水深30m以浅)	1½kt →	上げ潮流
Bn	灯標	+	暗岩(航行に危険なもの)	2.3kn →	下げ潮流
Lt V	灯船		洗岩(最低水面時に洗う)	S 砂　M 泥　Cy 粘土	
(3) *(3)	干出岩		漁さく	St 石　　　　R 岩	
	係船浮標	～～	急潮・波紋	Co さんご　Sh 貝殻	

12₇　27　123　水深の数字　　等深線

12₇　水深は12.7メートル
R　底質は岩である

0
2
5
10

75

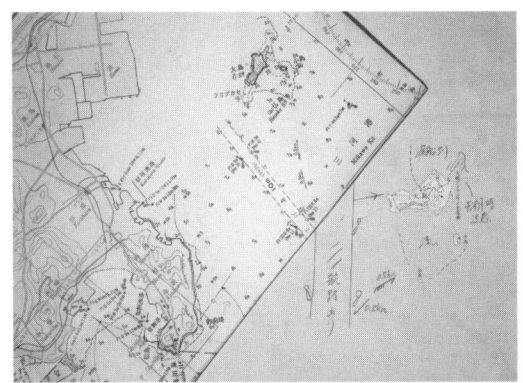

海図などから、海の情報を地形図に落としていく。筆者の場合は、基本情報を反映した後に防水処理をして、現地で得た情報は油性マジックでメモしていくスタイル。写真は、ヨット・モーターボート用参考図（三河湾）、国土地理院発行2万5千分の1地形図（蒲郡）

断する。このような場所は、地図上にマークをしておくといいだろう。

　また実際のパドリングでは、漕ぎ進む間にも上陸しやすい場所や、陸路にアクセスできる場所も記憶しておこう。できれば地図に印を付けるといい。地図では上陸できると判断したが、実際は大きな石が多く、上陸は困難だった、という場合もある。そんなときに役立つ情報となる。

簡単な天気図の見方

　天気は西から東へ変わっていく。注目すべきは、等圧線の密度と高気圧、低気圧の位置だ。基本的に、風は高気圧から低気圧に流れる。天気図の遷移を見ながら天気の移り変わりを予測してみよう。海に出かけない週末などを利用して、シミュレーションしてみるといいだろう。天気予報は出発の直前まで聞いておくこと。

　例えば、伊豆半島でパドリングする場合は、天気図から風向を予測し、風の影響を受けにくいエリアを漕ぐ。だがそれにも限界があり、天気予報で風や波が「やや強く」「うねりを伴う」という表現を使っている場合は注意が必要だ。また谷になっているところでは、山を越えてきた風が集まり、強力な出し風となって沖に吹き出すこともある。

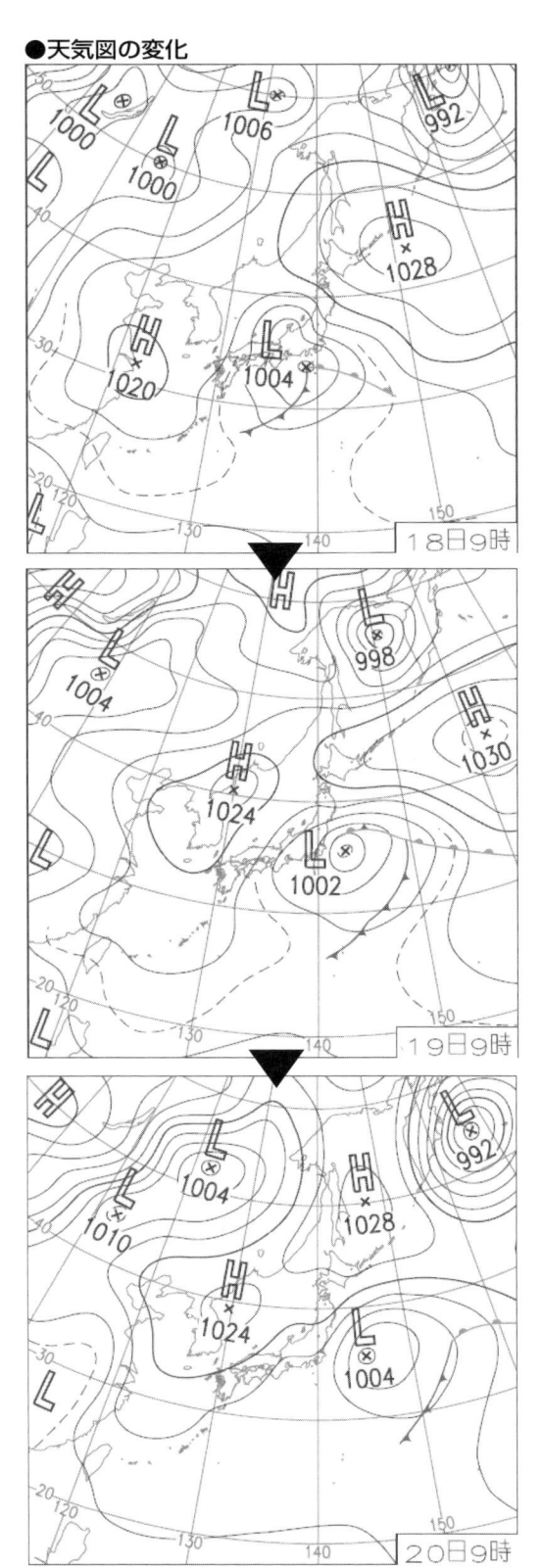

●天気図の変化

天気図は全て、気象庁ホームページから引用

海上で必要なスキル

●東寄りの風が吹くとき

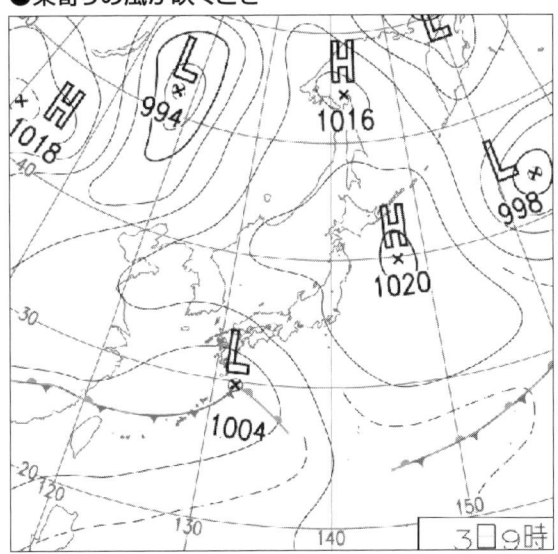

●西風が吹くとき

このような気圧配置のときは北東風(ならい)が強く吹く。西伊豆では、高い崖に阻まれて静かなことが多い(天気図は全て、気象庁ホームページから引用)

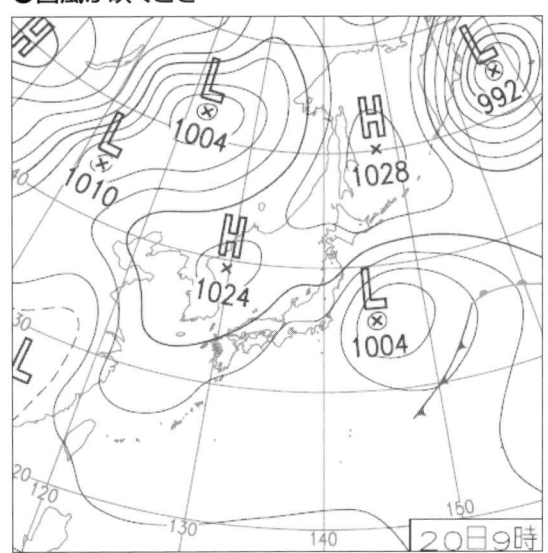

こんな気圧配置のときは西風が強いので、内浦湾の奥など外海の影響を受けにくいところで漕ぐか、風裏となる東伊豆などを考えよう。ただし風裏の場合は、場所によって強烈な出し風が発生している可能性があるので、慎重になる必要がある

気象庁風力階級

風力階級	地上10mの平均風速(m/s)	名称	海上
0	0〜0.2	平穏(Calm)	鏡のような海面。
1	0.3〜1.5	至軽風(Light Air)	うろこのようなさざ波ができるが、波頭に泡はない。
2	1.6〜3.3	軽風(Light Breeze)	小波ができている。波長は短いがはっきりわかる。波頭は滑らかに見え、砕けていない。
3	3.4〜5.4	軟風(Gentle Breeze)	大きい小波ができている。波頭が砕け始め、泡がガラスのように見える。ところどころ白波が現れることがある。
4	5.5〜7.9	和風(Moderate Breeze)	小さい中波ができている。白波がかなり多くなる。
5	8.0〜10.7	疾風(Fresh Breeze)	中くらいの波で、いっそうはっきりして長くなる。白波がたくさん現れる(しぶきを生じることもある)。
6	10.8〜13.8	雄風(Strong Breeze)	波の大きいものができ始める。いたるところで波頭が白く泡立ち、その範囲はいっそう広くなる(しぶきを生じることが多い)。
7	13.9〜17.1	強風(Near Gale)	波はますます大きくなり、波頭が砕けてできた白い泡は、筋を引いて風下に吹き流され始める。
8	17.2〜20.7	疾強風(Gale)	大波のやや小さい波で、波長は長い。波頭の端は砕けて水煙となり始める。泡は、はっきりした筋を引いて風下に吹き流される。
9	20.8〜24.4	大強風(Strong Gale)	大波。泡は濃い筋を引いて、風下に吹き流される。波頭はのめり、崩れ落ち、逆巻き始める。しぶきのため視程が悪いこともある。
10	24.5〜28.4	全強風(Storm)	波長が長くのりかかるような非常に高い大波。大きなかたまりとなった泡は濃い白色の筋を引いて、風下に吹き流される。海面は全体として白く見える。波の崩れ方は激しく、衝撃的である。視程は悪い。
11	28.5〜32.6	暴風(Violent Storm)	山のような高い大波(中小船舶は一時波の陰に見えなくなることもある)。海面は、風下に吹き流された長い白色の泡のかたまりで完全に覆われる。いたるところで波頭の端が吹き飛ばされて水煙となる。視程は悪い。
12	32.7〜	颶風(Hurricane)	大気は泡としぶきが充満する。海面は吹き飛ぶしぶきのために完全に白くなる。視程は著しく悪い。

風力や風向に注意

シーカヤックは風の影響を受けやすい。海上では、陸上にいるときよりもずっと強く感じるので、天気よりも、風力や風向に注意する。

気象をわかりやすく解説した本もある。左から、「風と波を知る101のコツ」(エイ出版)、「海のお天気ハンドブック」(舵社)

実践！ ナビゲーション

まずは自分がいる場所を知ろう

どちらに進んだらいいかを考える前に、まずは自分の位置をほぼ正確に把握しておこう。スピードが出る船ではないので、厳密に方向を決める必要はないが、岬一つ間違えても致命的な状況に陥らないとも限らない。自分の居場所がわからないとナビゲーションはできない。

周囲の状況や自分の位置を確認しながらパドリングしたい

地図は専用のマップケースに入れる

山立てという技術

山立てとは、目印と地図を使って自分の位置を確認する方法のこと。灯台や町、高い山の頂上などが、自分のいる場所(船位)を特定するために必要な要素となる。

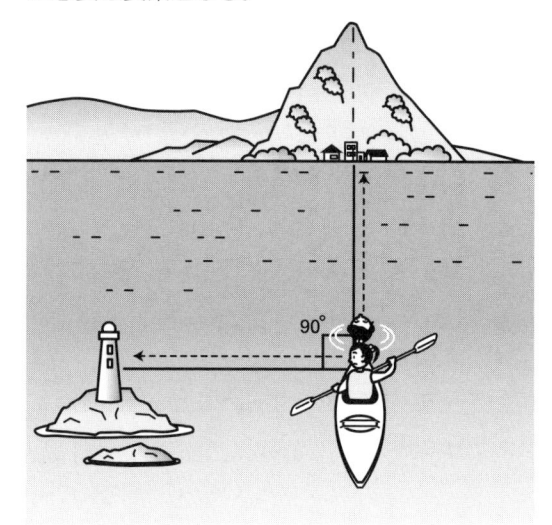

灯台など特徴的な建物があれば山立ては不要だが、概念図として。前方の目標物と出発地点の建物や山の頂上を同軸線上に結び、その上に自分がいるかで流されていないか確認する方法もある

コンパスの北は北じゃない？

コンパスが指す北を磁北(じほく)といい、地図上の北(真北・しんぽく)とはズレがある。このズレを偏差といい、海図上のコンパスローズから読み取ることができる。正確には、コンパスが指す北と磁北にもズレが生じている可能性があるが(ボートなどで金属や磁気の影響を受けることがある)、日本をシーカヤックで旅する場合は、ほとんど無視しても構わないだろう。

コンパスで針路を気にする必要があるのは、霧などで視界が悪い場合や海峡横断などのロングディスタンスの場合。日中であれば、時間と太

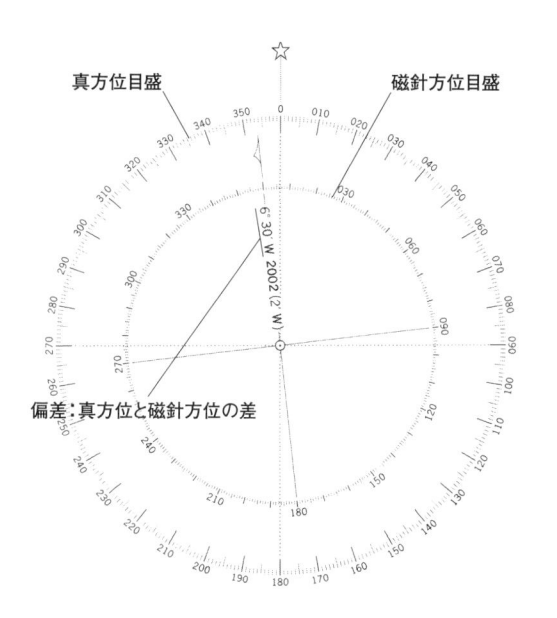

海上で必要なスキル

上：海図上のコンパスローズ。外側が真方位、内側が磁針方位の目盛りとなる。ナビゲーションでは磁針方位を使用する

左：シーカヤックのツーリングでは、オリエンテーリングなどで使うコンパスで十分だ。これをマップケースに入れてマップと照らし合わせながら使う

シーカヤック用のデッキコンパスは、海峡横断などで漕ぎながら針路を確認しなければならない場合に使う。あまり視線を移動させずに、遠目で確認することができる

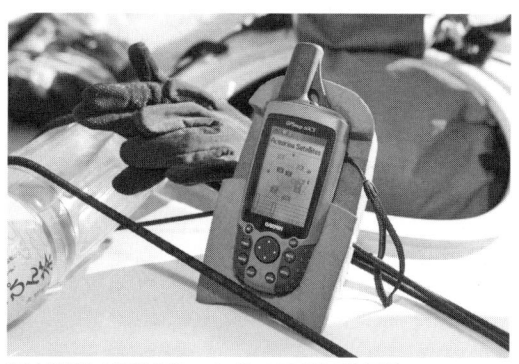

海峡横断をする場合は、ハンディGPSがあると便利

陽の方向でだいたいの方角はわかるはずだ。変わっていく景色を地図と照らし合わせて確認し、常に自分の位置を把握すること。目視できることが一番安全で正確である。

コンパスとGPS

GPS（Global Positioning System）とは、地球の衛星軌道を周回する衛星から発せられる電波をもとに、自分の位置を測位するシステム。車用のナビゲーションシステムは、GPS機能ではじき出した自分の位置を、内蔵されているマップソフトに落としこんで針路を教えてくれるものだ。シーカヤックで使う場合は、現在位置を表示したり、目的地までの針路を示したりする。

また対地速度や実際の進行方向もわかるので、潮流や風に流されている場合は目で確認できる、ありがたい機器だ。最近は安価になり、手に入れやすくなった。

使用上の注意としては、たとえ防水ケースに入れたとしても、常に海が近く、直射日光が当たるカヤックのデッキ上は、精密機械にとってすさまじくハードな場所となる。真夏はデッキの上に置きっぱなしにせず、防水ケースは使用前に必ず点検することが必要だ。また電池も消耗するので、必ずコンパスと併用するようにすること。ただし、コンパスは方角を示すだけで、自分の位置は知らせてくれない。

潮流と風の影響

コンパスの示す方角に向かって漕ぎ進んでも、目的地に到達するとは限らない。潮流や風があ

れば流されてしまうからだ。最初に設定した、建物や山などの目標の方角がずれていないか、たびたび確認することが必要だ。霧などで目標が見えないのであれば、海図や潮汐表から潮の流れを読んだり、風の吹く方角を予測して漕ぎ進んでいくしかない。このような経験を積んでいくことで、次第に高度なスキルを獲得することができる。

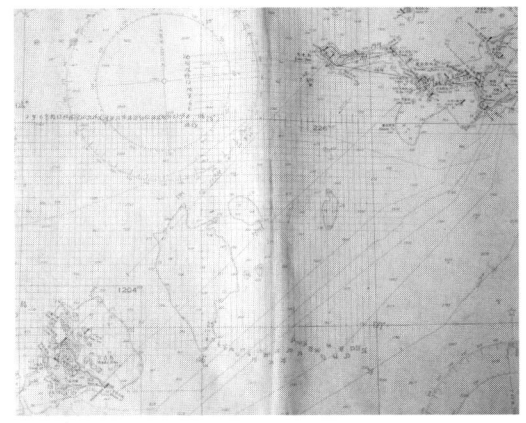

本書の監修者、村田泰裕氏が、沖縄県・池間島〜久米島間の約230kmを横断した際に使った海図。出発前に、マップケースに入れると見えなくなってしまう緯線と経線、池間島から久米島までの最短距離、磁針角度を何度も確認しながら書き加えた

カヤックから見える水平線までの距離は？

自分の目線から見られる水平線までの距離は、数式で算出することができる。H＝見る側の水平線からの高さ、h＝見られる側の水平線の高さとし、以下の式を使って求める。

カヤックから見える水平線までの距離（海里）＝ $2.09 \times (\sqrt{H} + \sqrt{h})$

例えば、シーカヤックからの目線を水平線から0.8mほどの高さとすると、$2.09 \times (\sqrt{0.8} + 0) =$ 約1.9海里となる。1海里＝1,852mなので、3.5kmほど先しか見えない。

これを海峡横断などに応用すると、海抜294mの山がある島へ渡るとき、その山頂が見えている場合は、$2.09 \times (\sqrt{0.8} + \sqrt{294}) = 37.7$海里となり、目的の島は69,830m≒69.8km先にあることになる。

海を味わう
ツーリング

シーカヤックにキャンプ道具を積んで海を漕ぎ、夜は満天の星とたき火を見ながらキャンプ。聞こえるのは、木々がそよぐ音と波が寄せる音だけ。楽しみいっぱいのツーリングに出かけるために、キャンプ道具の選び方や荷物の積み込み方、車での運び方などを覚えたい。

CHAPTER 4

実践！ シーカヤックで行く
週末キャンプツーリング

シーカヤックにキャンプ道具を積んで、
陸上からは行けない砂浜に上陸してキャンプをするのも
シーカヤックならではの楽しみの一つ。
街の喧騒を離れれば、一泊二日でも十分に密度の濃い旅を満喫することができる。
ケーススタディーとして、本書の監修者、村田泰裕氏が代表を務める
西伊豆コースタルカヤックスのキャンプツーリングの様子をご覧いただこう。

ツーリングに出かけよう

こんな写真を見た、こんな話を聞いた。日常のふとしたことが旅のきっかけになる。まずは目的の場所でツアーを行っているガイドはいないか、その場所をホームゲレンデとしているクラブはないか探してみよう。色々な方法で情報を集めることができる。特にインターネットは強い味方になるだろう。ただし、更新日には注意すること。中にはすでに存在しないショップやクラブもある。

場所が決まったら、出発前にインターネットやガイドブックなどでさらに詳しい情報を集めておく。通常の旅なら、何も調べずに行くという方法

伊豆半島は奇岩断崖が続く、国内屈指のシーカヤッキングフィールド。南伊豆は黒潮の分流からも近く、荒れていることも多いが、こんなに静かな入江もある

海を味わうツーリング

もあるが、シーカヤックでツーリングする場合は「人間の生活する場所ではない」ところに行くのだから、事前の準備が必要だ。もちろん、ガイドツアーであればぶっつけ本番でも問題ない。

ツーリングの計画自体はある程度ラフに、柔軟性を持たせたものにしよう。直前の気象情報を見て予定を変更する可能性は十分にあるのだから。

今回同行したのは、本書の監修者、村田泰裕氏が代表を務める西伊豆コースタルカヤックスのキャンプツーリング。10人ほどのメンバーで、1泊2日で伊豆半島の南端から西伊豆までを漕いだ。

ガイドツアーには、ツーリングのノウハウが詰まっている。いつかは自分でも出られるよう、ガイドの知識やテクニックを吸収しよう。

コースを決める

天気予報が3時間ごとに変わるとある週末、天気図を見て決めたコースは、南伊豆の弓ヶ浜から出発して石廊崎の西でキャンプをし、翌日はそこから西伊豆の松崎まで漕ぐというもの。初日は前線が通過した直後に出発となるため、西寄りの風が吹き込んでくると予想して、南側に開いている弓ヶ浜から出発した。2日目は前線が遠ざかることによって風が東寄りになるので、西海岸に出て北上しようという計画になった。

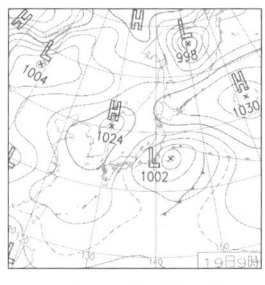

ツアー当日の天気図(気象庁ホームページから引用)

準備

準備には時間がかかる。限られた時間を最大限使って遊ぶために、パッキングはできるだけ出発前に家で済ませておきたい。人数が多いと荷物の量も増える。個人装備と共同装備を振り分けて効率よく積み込もう。パッキングのポイントは「パッキング術」の項を参照のこと。

準備体操が終わったら、いよいよカヤックに乗り込む。西伊豆コースタルカヤックスでは、初心者が参加できるツアーも用意されており、参加者のレベルに合わせてツアーの内容が決められる。もちろん、それ以上のスキルが身に付けば、出られる海の状態にも幅が出てくる。

出発

弓ヶ浜から出発。波が崩れるタイミングを見計らって沖に出て行く。たとえ高さ1mの波でも、カヤックに座った目線からは山が崩れてくるように見えてしまう。出艇のタイミングについては、「パドリングテクニック」の項を参照のこと。

背の高い車からカヤックを降ろすのは一苦労。けがをしないように慎重に準備しよう

前もって小さめの防水バッグに荷物を詰めておけば、出発前の作業時間を大幅に短縮できる

全員で集まって、コースや注意点などを確認する。同行するメンバーの名前と顔は覚えよう

さあ出発だ。ここでカヤックのバランスに不安を感じたら、すぐにリーダーに報告しよう

パドリング

ガイドの指示に従って漕ぎ進み、海の大きさやシーカヤックの自由さを感じよう。最初はおっかなびっくりかもしれないが、意外なほどの安定感と、スピード感を感じるはずだ。カヤックはめったなことでは沈しない安定性を持っている。

キャンプ地に上陸

しばらく漕いだら、本日の宿となる海岸に上陸だ。そこは岩礁に囲まれ、シーカヤックでないとたどり着くのが難しい場所。ガイドの指示に従って、1艇ずつしか通れない岩の間を通り抜けて上陸した。2人乗りの大型のシーカヤックは、陸に5〜6人揃ってからアプローチする。

カヤックは満潮時のタイドラインより上に引き上げ、カヤック同士を結び付けておくといい。

キャンプの準備と着替え

まずはトイレと炊事(たき火)の場所を決める。これによって、自動的にテントを張る位置も決まってくる。テントの位置はあまりトイレに近いのも良くないし、炊事場に近すぎると、たき火の火の粉でテントに穴が開く可能性がある。

地面が砂地の場合はテントのペグが効かないこともある。石なども活用しよう。ペグは何種類か持っているといい。

シーカヤックは1人乗りで20〜30kg、2人乗りで40〜50kgの重量がある。人数が多いときは声をかけあって準備を進めよう

また女性がメンバーにいるときは、トイレの場所や、行っているかいないかがわかるルールをしっかり決めておこう。例えば、入り口に当たる場所にトイレセットをぶら下げておき、これがないときは誰かがトイレに行っている、などのルールを決めておく。

キャンプ場のレイアウトが決まりテントを立てたら、濡れた服を着替えてキャンプ用の身支度をしよう。機能のみにこだわらず、肌触りが良くたき火の火の粉が当たっても燃えにくい、綿のシャツやパンツなどがいいだろう。ただし、雨が降っているときなどは乾いた服を着てもすぐ濡れてしまうので、寝る直前に着替えた方がいい。状況次第で臨機応変に行動しよう。

飲料水はデッキに積んでおき、こまめに水分やエネルギーの補給をしよう

キャンプ道具を積んだカヤックは相当重い。上級者が先に上陸して、初心者をリードしたい

背中に石が当たらず、水平な場所にテントを立てる。風下側に出入り口が来るようにしたい

自分の寝床に凝るのも楽しい。これは、地面の傾斜をなくして石垣まで築いたメンバーのテント

海を味わうツーリング

西伊豆を漕いでいると、数多くの洞窟や洞門が次々と現れる。そのほとんどが狭く、浅い場所にある。シーカヤックだからこそ楽しむことができる海岸線だ

上:岬の突端は潮流と風が集まり、荒れやすい。リーダーの後にしっかり付いていこう
下:ウイークエンドキャンプも立派な旅である

著者の場合は、着替えのついでにマットやシュラフまで広げて「あとは寝るだけ」の状態にしてから食事や宴会に出るようにしている。

食事

優れたガイドが行うツアーは無駄がない。キャンプ地に着いたらまずお湯を沸かし、食事の用意に入る。彼らの動きに注目していると、自分たちだけでツーリングに出るときの参考になる。人数が多いキャンプツーリングでは、共同装備としてダッチオーブンや大鍋なども持ち込める。参加メンバーがそれぞれの趣味で選んだ食材やお酒を持ってくるので、楽しみのバラエティも増える。

たき火を囲みながらの食事や仲間との会話は、こうした海岸でのキャンプの楽しみの一つ。また、ゆったりと時間を楽しめるのも魅力だろう。

後片付けと出発

翌日は松崎を目標にして、ひたすら伊豆半島を北上する。天気予報によると、東から北東寄りの風が吹くので、半島の西側は風裏になって静かなはずだ。

出発時間が決まっていれば、それに合わせて片付ける作業を進めていく。慌てることはないが、集団行動を乱さないようにする配慮は必要だ。キャンプ地を去るときは「来る前と同じ状態」に戻すのが基本。たき火の跡は残らないようにしよう。最近ではロウインパクトを目指して、たき火台を持ち込むこともある。

出艇するときも協力し合って海に出る。浅い場所はカヤックの影が海底に映ってきれいだが、思わぬ波が立ったりするので注意。入間など山間の集落の沖では、半島の山に吹く風が谷で集約されて、強烈な出し風になる場合がある。

また今回のツーリングは大潮だったので、伊豆半島西端の波勝崎では、潮流によって作られた複雑な波ができていた。初めてその海域を漕ぐ場合は、プロのガイドやその海域に慣れている人とのパドリングをすすめる。

ランチ休憩

昼食はなるべく簡単に準備し、片付けられるものがいい。代表的なのはサンドイッチ、ラーメンやうどんなどの麺類、インスタント食品など。

休憩を終えて再出発。日が傾きかけたころ、空に突き上げる巨大な岩の塊が特徴的な雲見の岬を越えた。ゴールの松崎は、石部や岩地の集落の北にある岬を回り込んだところにあるためす

このツーリングに出る前の週は雨が多く、海に落ちる滝ができていた

いよいよ至福の時間が始まる。キャンプ地では着慣れた普段着でリラックスしよう

みんなでわいわい食事をとる。ベテランの料理法は、見ているだけでも楽しいぞ

朝の時間もまた気持ちがいい。その日の行動に関わるので、朝食はしっかりと摂りたい

リーダーは出発前にもう一度キャンプサイトを一回りして、忘れ物がないか点検しよう

ぐには見えないが、確実に近付いていた。

到着

上陸したらどんどん片付けをしていこう。濡れ物はプラスチックのケースにとりあえず突っ込み、帰ってから洗う。真水を入れて潮抜きだけはしておくといい。

楽しかったつかの間のパラダイスも終わりに近付いた。この浜を離れたのが昨日のことだなんて思えない。ツーリングしたメンバーとは顔を合わせたばかりなのに、一緒に漕いで、一緒にキャンプしたらぐっと距離が近くなったような感じがする。

片付けが終わったら後は帰るだけ。「またね」「またどこかの海で！」。できたばかりの仲間と別れるのは少し寂しいけれど、またきっと会えるはずだ。

荷物を満載したカヤックは、波打ち際でのコントロールが難しい。上陸の際は、慌てずにベテランの指示を待とう

遊覧船の航路には入らないようにしたい。でもやり過ごすときは手なんか振っちゃったりして

ランチタイムは静かな砂利浜の海岸で。キャンプするには辛いけれど、休むには十分だ

ランチは、ガイドが朝のうちに素を作り、真空保温調理器で蒸らしていた炊き込みご飯

海の上ではみないい顔になる。一緒にキャンプツーリングに出ると、連帯感が生まれるのだ

ツーリングに必要な
キャンプ装備

陸上でバックパッキングやサイクリングをするのと同じように、
海にも、シーカヤックにテントや寝袋、調理道具などを積んで漕ぎ、
夜はテントを張ってキャンプをするという楽しみ方がある。
刻々と変わる海の上を漕ぎ進んで浜を見つけ出し、上陸して宿泊する。
カヤックでしか行くことのできない場所でのキャンプは、
たとえ一泊だとしても、格別な経験になること請け合いだ。

必要な道具と選択のツボ

シーカヤックは、他のカヤックに比べると多くの荷物を載せることができるが、乗用車に荷物を満載して楽しむオートキャンプのようにはいかない。なぜなら、荷物の載せ方が悪いとカヤックを海に浮かべたときのバランスも悪くなり、転覆してしまうこともあるからだ。

また、オートキャンプ用の荷物は車に積むことを前提としているから、大きくて重く、およそシーカヤック向きとはいえない。シーカヤックに乗せる道具は、軽くてコンパクトなものが基本だ。収納時に小さくなるのはもちろん、細長い形になるという点が選択するときのポイントである。

荷物を積む技術であるパッキングは、やり方を見ればその人のスキルレベルがおおよそわかってしまうくらい、経験がものをいうテクニック。もっとも、これは経験を積めば確実に身に付く技術だし、海の上でのカヤックの運動性能に直結するので、経験を積めば自分のパドリングテクニックそのものも上達したように思うだろう。

テント

海岸はテントを快適に張れる場所が少ないので、テント一張あたりの床面積はなるべく小さい方が望ましい。また、着替えなど身の回りのものをテントの中に入れておくために、テントに

フライシートで前室ができるものがいい。これは居住空間も広く、組み立ても簡単（モンベル・クロノスドーム 2型）

入る人数＋1人分くらいの大きさが欲しい。テントの中は意外と狭いので、プライベートスペースを確保するためにも、よほど仲のいい家族や友達同士でない限り、少人数用で分けたほうがいいだろう。

テントは小さいものの方が、風の抵抗が少ないので倒れにくい。設営が簡単で、グラウンドシートの防水性や耐久性が高いものを選ぼう。

ペグ

通常のオートキャンプと違うのは、砂浜やこぶし大の石が敷き詰められたゴロタ石の浜な

キャンプツーリングでは、何種類かのペグを用意しておこう

スノーアンカーに石を入れて、テントを固定することもできる

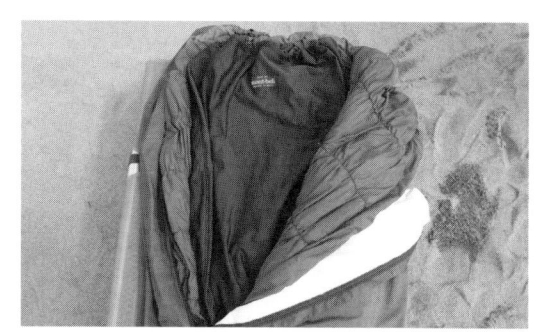

寝不足はそのまま翌日のリスクにつながる。シュラフ選びは重要だ

ど、ペグを打ちにくいところでもテントを張る可能性があるということ。ペグの他にも、石を入れた重しを使って張力を確保する場合がある。

マット

素材革新が進み、収納時はさらに小さく軽いものが出ている。エアーによって、クッション性だけでなく断熱効果も得られる

　テントを張る場所が砂浜や土などであれば快適なのだが、砂利やゴロタ石の場合も多い。こんなときに活躍するのが、シュラフの下に敷くマットだ。なかでも、空気で膨らませるタイプがおすすめ。後述の折り畳み式の座椅子と組み合わせて使うと快適度が上がる。

シュラフ

　ダウン製のシュラフがいいか、化学繊維のものがいいかは、永遠の問題かもしれない。ダウンの方が小さく軽くなるので、荷物を少しでも少なくしたい長距離や長期間のツーリングに向いている。濡らしてしまったときに乾きが早い点を考慮すると、ビギナーには化学繊維製の方がいいだろう。最近は、化学繊維のものも軽量化が進んでいる。

　また、シュラフにすべての耐寒性能をゆだねず、寝るときに衣類を重ね着して調整する方法もある。

シュラフカバー

　シュラフカバーは、テント内の水滴からシュラフを守り、保温性を高める機能を持つ。軽くてコンパクトになるが保温性は低いシュラフを使って、その分をシュラフカバーで補うという手もある。こうするとカヤック内の収納が分割されるので、スペースをより有功に使える。

　暖かい季節であれば、シュラフを使わず、シュラフカバーとシュラフ用のインナー（シーツ）を組み合わせるという方法もある。ウエアと同様、レイヤー（層）を重ねることで保温性を高めようという考え方だ。

キャンピングベッド

　寝不足は判断力の低下を招く。海で活動するシーカヤッキングでは、危険に直結することもある。きちんと睡眠を取るために、キャンピングベッド（コット）を使うという選択肢もあるだろう。収納時にかなり小さくなるタイプもある。

　これを載せられるカヤックは限られるが、地面に直接横にならないので、沖縄では深夜のヤ

キャビンベッドはコットともいう。ちょっとぜいたく品だが、こだわりがあれば荷物に加えてもいい

荷物は小分けにして詰める。中身を入れた状態でハッチに入る大きさが最大サイズとなる

ドカリの攻撃を避けるのにも役立つそうだ。背中に空気が流れるので、涼しく快適だ。

折り畳み式座椅子

折り畳みができる、アウトドア用の座椅子。地面に直接座るよりずっと快適だし、カヤックに積むときも場所を取らない。寝るときはマットの下に敷いてもいい。シーカヤックにおける定番アイテムだ。各社からさまざまなタイプが出ているので、好みのものを選ぼう。

形もさまざまだ。丸底のものはシュラフなどかさばるものを入れるといい。カヤックのバウとスターンのスペースを有効に使うために、三角形になるものもある

キャンプスタイルを激変させた一品。ぜひ揃えたい装備だ

防水バッグ

防水バッグは、基本的に濡れるシーカヤックでは必需品だ。シーカヤックは前後に気室(バルクヘッド)を持つタイプが多いが、完全に密閉されていることは少ない。衣類やシュラフなど、濡れたら困るものはすべてこのバッグに入れよう。

長期間の使用で擦り切れたり劣化したりするので、消耗品と考えること。カヤックの中で収まりがいいように、柔らかくてすべりのいい素材のものがいい。中に入れるものによって色を分けておくと、上陸したときに中身がわかって便利だ。名前を書いておくことをおすすめする。また、ハッチに入る小さめのもの(15〜25リットル)を複数使って荷物を小分けにする。詳しくは「パッキング」の項を参照のこと。

スタッフサック

下着など絶対に濡らしたくないものは、このようなナイロン製のスタッフサックに入れてから防水バッグに入れるといい。

登山用品店で入手可能。中に入れるものによって色を決めておくといいだろう

英語ではフラッシュライトという。キャンプの予定がなくても携行したい

ソフトクーラーバッグ

夏場は必需品となる。ハードタイプに匹敵する性能のものを選ぼう

気温が高い季節は、食材をクーラーバッグに入れて持ち運ぶ。1泊程度であれば板氷を入れておけば問題ない。ロックアイスよりも板氷の方が解けにくいし、バッグのスペースが有効に使える。ソフトタイプのバッグならカヤックに積み込みやすく、中が空になれば畳むこともできる。目安としては12クォート（約11.4リットル）から20クォート（約18.9リットル）くらいまでの大きさのものが使い勝手がいい。

照明器具

●ヘッドランプ

ヘッドランプは防水性の高いものがいい。最近は発熱量、消費電力が少ないLEDライトも安価になってきており、経済性を考えてもおすすめだ。もし夜間も漕がなければならなくなった場合は、強力な光源が必要となるので、ハロゲンとのハイブリッドタイプがいいだろう。

●ランタン

燃料はストーブの規格と同一にするのが原則。イカ釣りに行くのではないのだから、それほど大光量のものはいらない。筆者はランタンさえ持っていかないことが多い。月明かりやたき火など、自然の光は意外と明るいものなのである。

調理道具一式

●ストーブ

少しでも荷物を小さくしなければならない状

ウエアやPFDなど、命に直接関わるものはカヤック専用品を使うのが望ましいが、他のものはいくらでも代用が利く。ツアーガイドによっては、家庭で使うものをそのまま使用しているところもある。キャンプだからといって気負う必要はない

海を味わうツーリング

バイクや自転車でのソロツーリング用に、必要最低限のものがセットになったものもある(Zippo・Day & Night ツーリングパック)

況でなければ、ガスカートリッジとゴトクが分離しているタイプがおすすめだ。

● コッフェル

1人用であれば、インスタントラーメンをゆでたりレトルトカレーをあたためられるくらいの大きさ。少々大きくても、山に行くほど大きさや重さにシビアになることはない。登山用品店などで3〜4人用のコッヘルセットとシェラカップを1つ買っておけば、汎用性が高い。

● カトラリー

好きなブランドのものでそろえてもいいし、100円ショップのものでも十分だ。スプーン、フォーク、箸が定番。

行動食

高カロリーで消化がいいものが基本だが、自分の好みでアレンジするといい

ナルゲンボトルを利用した、自分専用の行動食や飲み物など。デッキに置くか、もしくはコクピットに入れる。

ライター、防水マッチ

火を使う調理をするときは必ず、使える状態か確認すること。特にライターはサビが付いている場合があるので注意。

救急セット

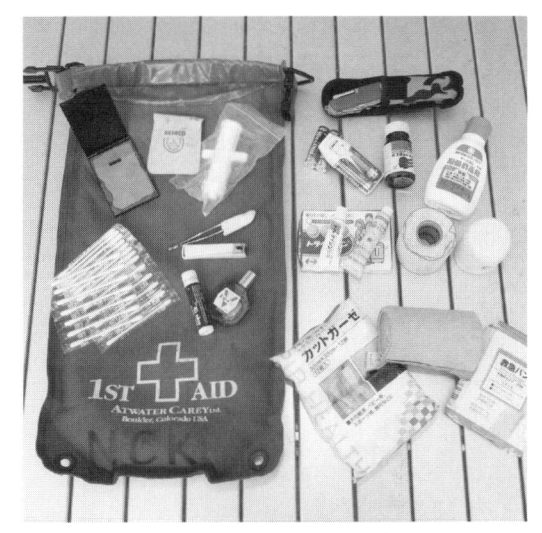

普段から飲み慣れている薬は、ツアーでも必ず携行したい

ツアーの場合はガイドが携行するが、自分用の薬があれば持っていく。すぐに取り出せる場所に入れておくとともに、入れた場所を覚えておこう。もちろん仲間とツーリングする場合も人任せにせず、最低限の装備を用意する。

基本的なセットとしては、胃腸薬(特に急な腹痛、下痢対策)、風邪薬、解熱剤、消毒液(ヨード)、外傷薬、目薬、ポイズンリムーバー(虫に刺されたときに毒を吸い出す)、綿棒、絆創膏、ガーゼ、爪切り、ピンセット、日焼け止めなど。日焼け止めを塗るなど、フェイスケアをしたいときには手鏡があると便利だ。これらをまとめて完全防水のケースに入れて持ち運ぶ。

ロールテーブル

特に必要はないが、人数が多い場合は椅子やテーブルがあった方が便利だし、場所を有効に使える。

大人数でのキャンプでは、あると便利。軽量で収納時に細長くなることが条件だ

タープ

天気が悪いときだけではなく、真夏の強烈な日差しをさえぎる役割も果たす。ツアーではほとんどの場合、用意されているようだ。暖かい時期は、テントを使わずにタープだけを張って寝るのもいいだろう。

夏の直射日光を浴びると、それだけで体力を消耗してしまう

トイレセット

女性がツアーに参加する場合は、極力トイレがある場所での出発やキャンプを心がけているというツアーガイドも多い。だが、状況によってはトイレがない場所で用を足さなければならないことも多い。このようなときは、写真のような

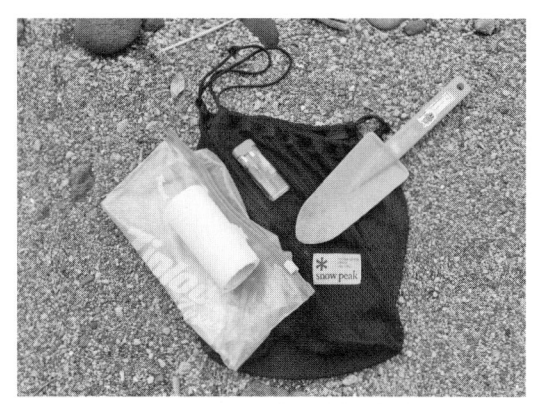

ライターやマッチ、トイレットペーパーの防水は厳重に

トイレの仕方

①地面を20cmくらいの深さまでスコップで掘る。あまり深く掘りすぎると、便を分解してくれる微生物が少なくなってしまう　②使用した紙にライターで火を付ける　③紙が完全に燃え尽きた後、土をかけて完全に消化する　④グループでキャンプをしている場合は、棒などを立てて注意を促すようにする

トイレセットが必須。ガイド側でも用意はしているが、やはり自分専用のものを持っていた方が気分的にもいい。

トイレットペーパーは、芯を抜いて内側から使えば外側から紙がほどけて形が崩れることはない。ペーパーが濡れないように、ジッパー付きの保存用小袋などに入れて防水は完璧にしておく。スコップはプラスチック製の小さなものが便利だ。ライターは確実に火が点くことを確認しよう。

海外などではトイレの仕方も異なる。カナダのクイーンシャーロット島では、便、特に大は海岸でするようにとガイドに指示された。また日本でも、簡易トイレを一緒に持ち運ぶガイドもいる。

海を味わうツーリング

その場所に合った、もしくはガイドによって異なる処理方法があるので、ツアーに参加する場合はガイドの考え方に従おう。

あると便利な小物類

●防水のウエストバッグ
財布や身分証明書などの貴重品は、カヤックから離れるときにも身に付けておこう。

●着替え用ポンチョ
周囲に隠れるところがない場所でも、ポンチョがあれば女性でも着替えやすい。

●防水仕様の時計
海には、潮流という時間によって向きも強さも変わる潮の流れがある。もちろん、利用した方がラクに漕げるし、場所によってはカヤックなどでは歯が立たない激潮地帯もある。潮を味方に付けるために、時間を知るのは大切だ。

更衣室がない場合は多いので、あると便利。もちろん自分で作ってもいい（モンベル・クイックマント）

●携帯ラジオ
出発前の天気予報のチェックは必ず必要だが、キャンプなどで日をまたぐときには随時確認しておいた方がいい。

●カヤック修理道具

遠征でなければここまで必要ないが、ダクトテープ（右端）は携行したい

修理道具の中でも、ダクトテープは必需品。安物には粘着力が弱い粗悪品もあるので、信頼できるメーカーのものを選ぶこと。デイツーリングや2〜3泊の短期のキャンプツーリングでも携行する。カヤックのちょっとしたキズや欠け、テントや寝袋の応急修理に使える。ラダーやスケグの修理用に十徳ナイフも必要だ。

●ハンディコンパス
手のひらサイズのハンディコンパス。すぐ使えるように、PFDのポケットに入れておくといいだろう。デッキコンパスよりも先に手に入れておくべき装備だ。

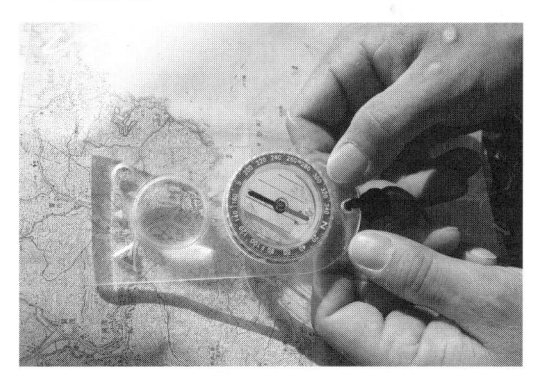

いわゆるオリエンテーリング用のコンパスだ

●デッキバッグ
サーフゾーンでデッキに降りかかる波は、想像以上の力がある。ショックコードに挟んだものは簡単に放り出されてしまう。それを防ぐために、デッキに装着する専用のバッグもあるのだ。

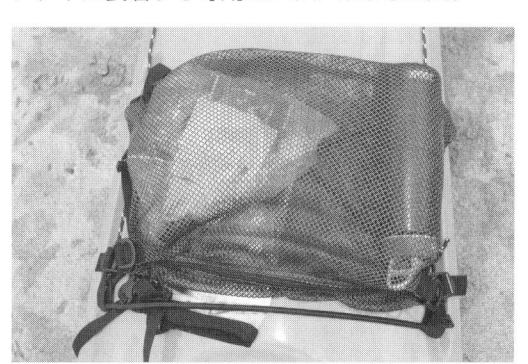

メッシュ製で水が抜けるものがいい

カヤックに荷物を積む
パッキング術

カヤックに荷物を積み込むパッキングの技術は、
ツーリングの基本中の基本テクニック。
上手にパッキングするポイントは、荷物を「小分けにする」ことだ。

シーカヤックにはこれだけの荷物を載せることができる。テントや椅子は収納時に小さく、細長くなるものにしよう。ただし、これは撮影用の例であり、実際のツーリングでは荷物を極力少なくすることをおすすめする。これもまた必要な技術だ

どこに何を入れる？

　カヤックの重心は、シートもしくはシートより少し前にある。重心に近いところに重いものを集中させて積むようにする。また、コクピット内の足が入るスペースには、できるだけ荷物を置かないようにしたい。沈脱のときに足がひっかかって、抜けにくくなる場合があるからだ。
　海上で使う可能性のあるものはカヤックの中に入れないこと。海へ出る前に、ハッチ（開口部）が完全に閉まっていることを必ず確認する。

左：シートの両サイドや、シートの背もたれの後ろ側にあるスペースなどを使って収納する。水が入ったペットボトルなど、重いものが向いている
右：当然だが、ハッチより大きいものは入らない。防水バッグはハッチよりも小さいことが絶対条件だ

海を味わうツーリング

デッキに荷物を置く

　波がかかるデッキ部分には、レスキュー用品や飲み物以外なるべくものを置かず、カヤックの中に積み込むようにする。強い波がかかると流されてしまう危険もあるし、あまりに多くのものが載っているとパドリングの邪魔になる。さらに、重心が上がってカヤックが不安定になる。

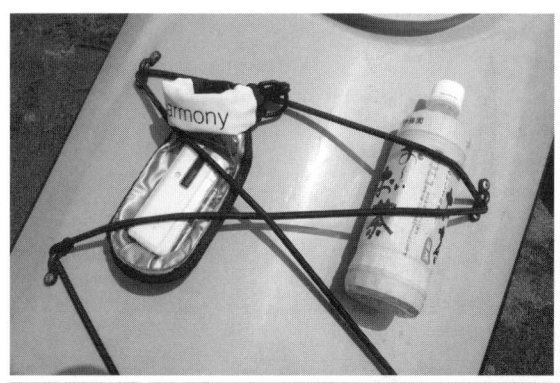

上左：パドリング中に取り出せるよう、ペットボトルや携帯電話、カメラなどはデッキに置いておく（モンベル・ハーモニー セルフォンペイジャードライケース）

上右：スターン側には、スペアパドル、パドルフロート、ビルジポンプなどのレスキュー用品を積載するのが一般的。釣り道具やシュノーケルセットを置いてもいい

左：本書の監修者、村田泰裕氏が日本列島縦断をしたときの装備一式。「不必要なものは持ちたくない」と、荷物の量をなるべく少なくしたという

スターン側の気室の前、つまりシートのすぐ後ろは、シーカヤックの荷室の中でも最大のボリュームになる。大きめの荷物はここに入れよう。使用する回数が少ないものはカヤックのバウとスターンに押し込み、シュラフ、着替えなどの比較的かさばりやすいものはカヤックの中央部に収納する。トイレセット、救急箱など緊急性の高いものは、バウ側のハッチの近くに入れておく。スターン側のハッチは、デッキにスペアパドルなどを積むので開けにくくなるからだ

97

カヤックを海まで運ぶ
トランスポーター

家のすぐ前が海で、いつもその場所で漕ぐのでもないかぎり、
長さが5m近くになるシーカヤックをフィールドまで運ぶためには、トランスポーターとなる車が必要だ。
カヤックの素材はFRPだが中身はほとんどが空気なので、
容積に比べれば軽いものの、やはり重量は20kg強となる。
乗用車でも運搬は可能だが、シーカヤック本体以外にもパドルやウエア、
その他さまざまな道具が必要となるため、
ワンボックスや車高が低いステーションワゴンなど、荷物を多く積める車が人気である。

交通ルールに従おう

　シーカヤックのような長尺ものを運搬する場合は、道路交通法による規定に従うこととなる。長さは車長の1.1倍まで、幅は車幅まで。これを超える場合は、所轄の警察署に「制限外積載許可」を提出し、はみ出した部分に赤い布（夜間の場合は灯火）を付ける必要がある。

　例えば、車長4.6mの車に手続きなしで積載できるシーカヤックの長さは、4.6×1.1＝5.06m。逆に言うと、5mのカヤックを積載しようと思ったら、最低でも長さ4.6m以上の車が必要ということになる。だが厳密にいうと、そのはみ出し可能な部分は前後ともに1.05倍分ずつになるので、後方に大きくはみ出す積載方法では、やはり許可を得る必要が出てくる。許可を取得するのは難しいものではない。

車種別積載例

ステーションワゴン

　車高が低いのでルーフにカヤックを積載しやすく、さらに荷物も多く積めるため、最も人気がある。ルーフサイドに雨どいがある旧式の車の方が、カヤックの積載には適している。

　バウやスターンの先端など、車からはみ出す部分は人間の頭と同じ高さになるので、駐車時や狭い路地などを走る場合、バックする際には十分注意を払うこと。

ワンボックス

　ワンボックス、それも貨物車ベースとなると、シーカヤックに限らず、荷物が多い趣味を楽しむ人が選択する車だ。室内のアレンジの自由度は

自分のシーカヤックスタイルに合わせたトランスポーター選びも、楽しみの一つだ

高い。だが重心が高くなるのに加え、乗り心地は犠牲にされる。

キャンピングカー

夜のうちに高速道路を走り、目的地でゆったりと寝て朝を迎える。贅沢な時間の使い方ができるキャンピングカー。最近は、遠出する場合もETCの休日特別割引や深夜割引を使えるので人気が高まっている。写真のワンボックスをベースとしたバン・コンバージョンタイプは、取り回しも普通のバンとさほど変わらない。

乗用車

バーを取り付ける位置にカヤックを安定して固定できるだけの幅を確保できれば、乗用車でも積載することは可能だ。ただし、車種によっては前のフット（バーを固定する足の部分）しか車に固定できず、エクステンションバーなどで後ろのバーを固定しなくてはならないものもある。その場合は、前のフットだけで重量を支えることになるので、あまりおすすめできない。

積載に必要な装備

ルーフキャリア

積載するための装備として、市販のルーフキャリアを使う。キャリアに取り付けるアタッチメントにカヤック専用のラックがあるかどうかで、メーカーを決めるといいだろう。欧米のものは、生産されている本国のホームページなどに掲載されていても、日本の輸入代理店が扱っていないこともあるので注意が必要だ。

キャリアのフットは、シーカヤックの隔壁部分に置くことが望ましい。カヤックはベルトで縛って固定することになるので、なるべく歪まないように強度の高いところにその部分を持っていきたいからだ。

そのため、フットの位置決めの自由度が高い雨どいタイプが最も適しているのだが、デザインを優先したものが多い最近の車ではなかなか見当たらない。ルーフレールも、デザイン重視で強度が不足しているものも見られる。ディーラーで確認してから取り付けるようにしよう。

カヤック専用のアタッチメントは、カヤックに優しいだけでなく、安定性も高める

カヤックラック

キャリアに市販のパッドなどを付けてカヤックを運ぶこともできるが、やはりカヤック専用のアタッチメントを使いたい。カヤックが車にきちんと固定されていないと、道路に落下して大事故につながる可能性もある。ラックを使えばしっかりと固定できるし、カヤック本体に余計な力がかからないので艇体に歪みが出ることも少ない。

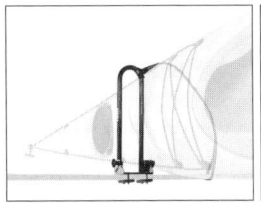

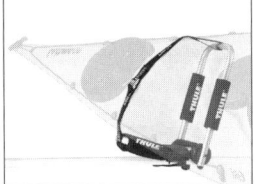

スーリー（http://www.thulegroup.com/）はスウェーデンのキャリアメーカー。横積み、縦積みなど多彩なカヤックラックがある

車用品を扱うカーメイト（http://www.carmate.co.jp/）のイノーは、日本のメーカー。細かいところに神経が行き届いた製品を作っている。カヤックラックは縦積みとなる

ベルト

カヤックを固定するベルトは消耗品と考えよう。特に、ブランド名が織り込んであるベルトはそこからほつれてくるし、バックルも劣化する。薄くなった箇所があったり、ほつれがあるものは潔く新品と交換すること。

ベルトだけでなく、バックル部分の強度も重要。カヤックを傷めないカバー付きがいいだろう

パドルホルダー

パドルホルダーは、分割ができないタイプのパドルを使用している場合に使うと便利だ。

パドルは可能なら車内に入れるのが望ましい。ウインドサーフィン用のマストホルダーと共用のものが多い

便利な小物

シーカヤックを楽しんだ後に車に積載するときは、カヤックに付いている潮を真水で落としてから積載すること。海水は車を傷めるからだ。真水が手に入らないところでは、家からポリタンクに水を入れて持っていこう。

また、カヤックを置くためのスタンドがあると便利だ。ホームセンターなどで手に入る小さな折り畳みイスを使ったり、自作しているカヤッカーも多い。DIYショップを上手に活用しよう。

真水やカヤックスタンドのほかに、潮にまみれたウエアをまとめて入れられる、プラスチック製のケースを用意するといい。家に帰ったら水を入れて、中で洗うと便利だ

カヤックを車に載せる

長さが法律で決められている制限を超えているため、許可を取って積載する場合は、カヤックの後端部分に赤い布（夜間は赤色灯）を付けることが義務付けられる。そうでない場合も、注意のために赤い布などを取り付けておくこと。

1 後方に十分なスペースがある場合は、後ろからスライドさせて載せる。カヤックのバウを後ろのバーにかけたら、そのまま一気に押してほぼ固定する位置まで持っていく

2 前後のバーはカヤックの前後の隔壁あたりにあるのが理想だ

3 カヤックラックのカーブがカヤックのボトムに合うように、位置を調整する

4 カヤックを固定するベルトはねじれがないように、カヤックのデッキからボトムへと回してバックルに通す

5 ベルトの端もばたつかないようにしっかりと結びつける。ベルトを巻く時には、できればキャリア部分のみでなく、ルーフレールなどの車体の一部も巻き込んでしまおう

6 カヤックの前後も直径5mm程度のロープでしっかりと固定すること。平らなベルトは風圧でばたつくのでよくない。スーリーの「クイックドロー838」など、簡単に固定できる道具もある

横から積む場合

　車の後方からカヤックを載せるスペースがない場合や、車高が低い車であれば、車の横から積載することができる。屋根の部分にぞうきんなどの布を置いたり、前後のバーの間にベルトを渡したりすれば、屋根を傷つけることも少ないだろう。スーリーからは、カヤックを載せやすいよう、エンドバー部分を延長できるアタッチメントも販売されている。

1 サイドからバウを前のバーにひっかける

2 前のバーに乗ったバウを軸に、スターンを回して後ろのバーのアタッチメントに載せる。ベルトと細引きを使った固定方法は前頁と同じ

運転上の注意

　車の全長はカヤックの長さと同じと考えよう。乗用車タイプの屋根が低い車の場合は、カヤックの先端が人の頭と同じ高さになるので注意。特に後方のはみ出し部分は、コンビニエンスストアなどの駐車場にバックで駐車する際には十分気を付けること。また車高もカヤックを積載したぶん高くなっているので、高さ制限のある駐車場に入るときは注意のほどを。

全長5mのカヤックが受ける横風は、かなりの強さになる。橋の上やトンネルの出口では、ハンドルを取られないよう注意しよう

海外のトランスポーターグッズ

　日本よりもアウトドアスポーツに興じる人口と消費額の大きい北米では、さまざまな便利な道具がある。北米最大の通販サイト、REI（http://www.rei.com/）などでは日本からのオーダーにも応えてくれる。

　最近は諸々の理由により輸出ができない商品も増えてきたが、未だ日本国内では手に入らないアイテムもあるので、チェックしてみるといいだろう。購入方法については、日本語の案内もある。

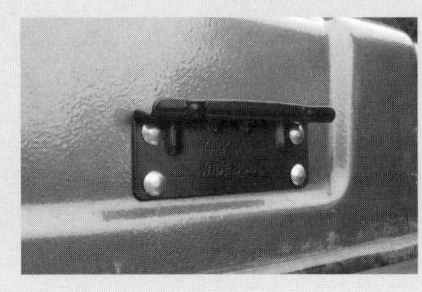

これは、キャンピングカーやピックアップのFRPシェルにキャリアのフットを付けるための雨どい。このメーカーは多様なカヤック用積載道具を作っているが、日本に輸入代理店はない

シーカヤックで遊ぼう

イベントやレースに参加したり、釣りやシュノーケリングをしたり、シーカヤックの遊び方は自由自在だ。家族や友達と楽しんでもいいし、新しい仲間を作るのもアリ。人の輪が広がれば、面白さも倍増するだろう。

CHAPTER 5

シーカヤックの遊び方いろいろ

ガイドツアーに参加したり、フィッシングを楽しんだり、
シーカヤックマラソンや海峡横断イベントに挑戦したり……。
シーカヤックの操作に慣れてきたら、さまざまな遊び方にチャレンジしたい。
他のカヤッカーとのネットワークができれば、さらに世界が広がっていく。

ガイドツアーのすすめ

どうも日本では何か趣味を始めようとすると、その趣味で使うグッズは全て買いそろえないといけない、という風潮があるように思える。だが中には、身の回りのものだけを買いそろえ、カヤックを買う費用をお気に入りのガイドが行っているツアーの参加費に当てている人も多い。彼らももちろん、立派なシーカヤッカーだと言えると思う。

日本でシーカヤックを楽しむことができる主なフィールドには、必ずと言っていいほどガイドを行うショップがあり、それぞれが個性的なツアーを実施している。何度かツアーに参加するうちに、自分のカヤックが欲しくなるかもしれない。それから購入を検討しても遅くはないのである。

上手なショップの活用法

日本にはいくつかのガイド認定団体があるが、基本的にはそれぞれの団体で設定した基準での合否判定を行っており、いわゆる国家資格としてのガイド資格は存在しない。だからといってシーカヤックの技術レベルが低いというわけではなく、個々の団体や地域が必要に応じて基準を設定している。だからこそ、ガイドによって実にさまざまなツアーが生まれてくるのだ。

本書に収載したハウツーも、スムースにガイドツアーに参加するための予備知識になるだろう。だが、知識は本から仕入れられても、経験は実際に海の上に浮かぶことからしか得られない。たとえどこかのガイドツアーに参加して、つまらない経験をしたとしても、ぜひ他のガイドが実施しているツアーやスクールなどにも参加してみてほしい。いくつか参加するうちに、自分と波長の合うガイドが見つかるはずだ。

シーカヤックで何が難しいかと言えば、判断だ。そこをガイドに任せれば、ツーリングはぐっとラクになる

事前に準備しておきたいモノとコト

●ウエア

レンタルのものを用意しているショップもあるが、できれば自分のものを。アンダーウエアやミドルウエアくらいはそろえたい。夏～秋であれば海水温が高いので、エントリー時期に適しているし、必要なウエアの種類も少なくて済む。

●行動食と飲料

キャンプツアーなどに参加する場合、食事はツアー代金に含まれることが多い（予約時にき

シーカヤックで遊ぼう

ちんと確認すること）。だが、行動食については
ガイドやツアーによって異なる。もし用意され
ない場合は、海上で食べやすいものを準備しよ
う。行動食入れとして、口の広い防水ボトルがあ
ると便利だ。

● 知識

　カヤックの基本的な各部名称は覚えておく。
本書に記載されている程度の知識で十分だ。わ
からないことがあれば、積極的にガイドに質問し
よう。フィールドでの危険な場所の発見方法や回
避方法などは、ガイドが説明してくれるはずだ。

シーカヤックを使った遊び

　シーカヤックをする人の大多数が、カヤックに
乗って目的地まで漕ぐ、いわゆるツーリングを
主な楽しみ方としているだろう。しかし、日本で
は比較的休日が少なく、さらにその休日も短い
という人が多い。そのため、日本ならではのカ
ヤックの楽しみ方の細分化、深化が起こってい
るように思う。シーカヤックを楽しむのに、「こ
の遊び方しかない」というものはない。ただ一つ
共通するのは、安全を最優先するということだ
けである。

カヤックフィッシング

　最近は、カヤックを使って沖釣りを楽しむ人も
多くなってきた。エンジン付きのフィッシングボ
ートを持つほどお金はかけられないけれど、陸
（おか）釣りでは行けない場所で釣りたい、という
人に人気が出ているようだ。最近はフィッシング
仕様のカヤックも出ているほどである。

カヤックでしか行けないポイントもある。釣りをするのが目的なら、オープンデッキのカヤックがいいだろう

シーカヤックマラソン

　文字通りシーカヤックを使ったマラソン大会。
奄美大島の瀬戸内海峡を舞台としたマラソン大
会は、最も有名だ。毎年6月末〜7月初旬に開催
され、約40kmを漕いで速さを競う。といっても、

ガイド？ インストラクター？ それともアウトフィッター？

　シーカヤックを指導したりツアーな
どを実施し、リーダー的役割を果た
す人の名称には3通りの呼び方があ
り、それぞれに込められるニュアンス
も微妙に違う。あえて使い分けてい
る人もいれば、どうでもいいという人
もいるが、参考までに記しておこう。

● ガイド

　文字通り、ツアーを先導するガイド。
パドリングのテクニックを教えるとい
うよりも、案内する場所の情報に精
通し、ツアーを最後まで安全に楽しく
遂行することを最大の目的とする。

● インストラクター

　どんなフィールドでも漕げるように
なるための、パドリングテクニック（漕
ぐ技術だけではなく、天気や海を読
む力、ナビゲーション技術も含む）を
ゲストに教えることを目的としている。
ツアーも催行するが、パドリング技術
の向上の一つとしてのツアーの場合
が多い。

● アウトフィッター

　一時期、アウトドア関連の雑誌で
よく使われていた名称。シーカヤック
に限らず、ガイド、インストラクター双

方の要素を持つことが多くなったの
で、お客さんを外の環境（アウト）に
合わせる（フィッター）という意味で、
この呼び方が生まれた。

個性的な人が多いのもこの世界の特徴。
自分に合った人を探してみよう

シーカヤックで遊ぼう

速く漕ぐこともスキルの一つ。地域おこしのイベントとして開催されることも多いので、地域の人との交流も楽しめる

目的地に漕ぎ着いたときは単純にうれしい。こうしたイベントを通じて、仲間作りをしていくのもいいだろう

制限時間内なら景色を楽しみながら漕ぐこともちろん可能だ。すでに開催から10年以上を数え、会場となっている瀬戸内町では、夏の風物詩として定着している。

この成功に倣って、西伊豆の岩地、三重県の五ヶ所湾、三陸宮古や神奈川県の三浦半島など、さまざまな場所で開催されるようになった。日本にはシーカヤックマラソン用の装備品で一つのマーケットがあるほど規模が大きく、より速く漕ぐためのパドルやカヤックを次々とリリースしているメーカーもある。

海峡横断イベント

1人では無理のように思われる海峡横断も、イベントであれば挑戦のハードルはぐっと低くなる。こうしたイベントの絶対条件は「安全」である。ということは、安全を担保した上で、自分がどの程度まで漕げるのか、その可能性を探ることができるのだ。

有名なところでは、三重県・鳥羽〜神島横断、越佐海峡(寺泊〜佐渡島)横断、津軽海峡横断などが行われてきた。また、対馬から韓国・釜山までを漕ぐという、国境をも越えるイベントが行われたこともある。毎年すべてが行われるわけではないが、アンテナを張っていれば情報は得られるだろう。

こうした長距離イベントに積極的に参加することによってスキルを上げていき、最終的にはソロで日本一周をやりとげたカヤッカーもいる。

また、海峡横断ではなくても、沿岸を漕ぐツーリングイベントというのもある。イベントは、同じ趣味を持った人々が集まるお祭り。仲間の輪が広がること請け合いだ。シーカヤックを始めたばかりなら、積極的に参加してみたい。

カヤックを自作する

現在カヤックを生産しているメーカーはいずれも、創始者がそれまでのカヤックに飽き足らず、自分でデザインし、作り始めたことが発端となっている。ウッドを張り合わせ、樹脂でコーティングする製作キットや、作り方を指導してくれる工房もあるので、自分だけのオリジナルカヤックを作ってみてはいかがだろう。

キット化されたカヤックを作るという楽しみ方もある。写真は、神奈川県鎌倉市の「カナイ設計」の工房の様子

親子で楽しむ
シーカヤック

自転車やハイキングと同じように、親子でシーカヤックを楽しむこともちろんできる。
だが、いきなり子供を海に連れて行っても大丈夫なのだろうか?
ここでは、親子で遊ぶ際の心得と最低限必要な装備について記したい。
実際に子供と海に出る前に、まずは親だけで海に出て、コツをつかんでおいた方がいいだろう。

子供の体力を過信しない

いつも元気いっぱいに遊んでいる子供でも、自然の中では普段以上に体力を消耗してしまう場合がある。もちろん、思い切り遊ばせてあげたいが、親は体力の限界点を知っておく必要があるし、限界点までの時間をなるべく長くしてやることもできるのだ。

遊ぶのに適した季節

冷たい海水に短時間浸かっているだけでも、体力を失ってしまうものだ。皮下脂肪の薄い子供は、大人よりも早く低体温症(ハイポサーミア)になってしまう。海水温は水温より1〜2カ月遅れて変わると覚えよう。場所にもよるが、5月くらいまでは水温が低いので、ゴールデンウイークの時期などは海や川での事故も多くなる。初夏から初秋までが水温の高いベストシーズンだ。

紫外線は想像以上に体力を消耗する

太陽の下で子供を遊ばせたくても、紫外線対策はしっかりしておきたい。これは肌を守ると同時に、長い時間元気に遊ぶための防衛策でもある。

磯場の岩やサンゴは凶器にもなる

水遊びというと、学校のプールで遊ぶような服装を思い浮かべる人もいると思うが、シーカヤックは自然の中での遊び。磯場のむき出しの岩や、岩に張り付いたフジツボは凶器になり得るし、見ているときは美しいサンゴも、尖った岩と同じ。離岸したり上陸したりするときは、その上を歩かなければならない。また、毒性を持った魚もいる。怪我や事故を防ぐためには、適したウエアリングが必要なのだ。

「子供時間」に合わせよう

子供、とくに幼児が一つのことに集中できる時間は30分ほどしかない。大人とは違った感覚の「子供時間」に合わせて行動することを心がけたい。

初めてカヤックに乗せるときは、いきなり長時間乗せようとせずに、30分くらい漕いで休憩を入れたり、海水浴や磯遊びをしたりするなどの余裕がほしい。こうすることで、子供たちを飽きさせないようにする。

また、親が子供にやらせてみたいと思っていても、思い通りにいくとは限らない。もしかしたら、水にさえ入りたがらないかもしれない。興味を示さなければ、その興味をいかに引き出すか

が大事だ。そんなときは、シーカヤックで海へ漕ぎ出すことよりも、まずはタープや木の下などの日陰で休みながら、砂浜や磯で過ごす水辺での時間を楽しむくらいの余裕を持ちたい。

　何をするにも時間がかかり、思いがけないことが起こるのが子供との遊び。準備だけは怠らず、あせらずに遊びたい。

シットオントップタイプから始める

　カヤックを始める前から子供と遊ぶことを視野に入れているのであれば、安定性が高く、開放感のあるシットオントップと呼ばれるタイプのカヤックから始めるのがいいだろう。子供が不意に立ち上がってもバランスを崩すことが少ないし、好きなポイントでザブンと海に飛び込むこともできる。

シットオントップタイプのカヤックは安定性が高く、初心者や子供も乗りやすい

子供のためのウエアリング

ウエア

ラッシュガードなどで、体温の保持と岩場などからの肌の保護を考えよう。カヤック専用のものでなくても構わない。最近は、スキンダイビングの分野で子供用のウエアが充実している。または通気性が高く、速乾性のある長袖のシャツがいい。

伸縮性の高い生地でできたボディシャツは、濡れても保水せず、速乾性に優れる（モンベル・アクアボディビブ Baby's、アクアボディロングスリーブシャツ Jr. & Kid's）

シューズ

岩場や磯からのエントリーを考えると、サンダルよりもシューズタイプが望ましい。メッシュ地など、靴の中に水が溜まらず、つま先が保護されているものがいい。磯場やサンゴがある場所では、サンダルはすすめられない。

ソールにラバーを使った水遊び用シューズ。蒸れにくく、脱ぎ履きがしやすい（モンベル・アクアシューズ Jr.）

帽子

海に落ちたときなど、頭の保護のために帽子

シーカヤックで遊ぼう

は必須。夏はつばの広い帽子タイプで紫外線を防ごう。

つばが大きく、日焼けしやすい顔や首もとを日差しから守ってくれる。透湿防水素材を使用（ピアモンテ・キッズプレイハット）

飲み物だけでなく、汁が多い果物も水分補給に効果的だ。ランチやティーブレイクのときには果物をメニューに加えたい。

PFD（ライフジャケット）

命に直結するPFDだけは、カヤック用かつ子供専用のものをそろえたい。体型にフィットするサイズで、十分な浮力を持つものにしよう。

子供は、大人と比べて頭の比率が大きく、重いので、頭の後ろにフロートがあり、PFDの浮力で身体から抜けないように股下に通すベルトが付いているものもある。長く使いたいのであれば、子どもの成長に合わせて調整できるタイプのものがいい。

子供が欲しいと言わなくても、強制的に水とミネラルを含むスポーツドリンクを飲ませよう。ミネラルの不足は体力を消耗させるので、水やお茶だけだと疲れを感じるのが早くなるのだ。

甘い行動食を摂る

子供が普段食べ慣れているおやつで、栄養補給を。アメやグミなどがおすすめだ。

不調のサインを見逃すな

普段はおしゃべりな子供が急に黙ってしまった、顔が異常に赤い、視線がうつろなど、言葉で不調を訴えなくても、態度やしぐさがいつもと違ってきたら要注意。聞き分けのいい子ほど頑張ってしまう傾向があるようなので、気を配ってあげよう。性格によっては「大丈夫？」などと聞いてもあまり意味がない。普段の様子と比べながら、30分〜1時間ごとに強制的に休憩し、水分や行動食を摂らせる。率先して大人が休むようにしたい。

PFDを着せて泳がせ、浮かんでいる感覚と安心感を覚えさせておきたい

体力の消耗を抑える

水分とミネラルは定期的に摂らせる

周りが水ばかりだと、どうものどの渇きの感覚が鈍るらしく、ついつい脱水症状になりがちだ。

低体温症(ハイポサーミア)と熱中症(ハイパーサーミア)

● 低体温症

低体温症(ハイポサーミア)は、長時間水に浸かるなどして、体温(直腸温)が35℃以下に低下してしまった状態。心拍数が下がり、重度の場合は幻覚を見るなどの錯乱状態になり、死に至る場合もある。

対処法としては、身体から体温を奪う水分を拭いて乾いた衣服に着替えさせ、毛布などで包む。衣類はゆるやかで締め付けの少ないものが望ましい。わきの下やそけい部(脚の付け根)など、太い血管(主に静脈)があるあたりを湯たんぽなどで温め、安静にする。無理に動かしたり、アルコール類を飲ませるようなことはしてはならない。

● 熱中症

夏に特に注意してほしいのが、熱中症(ハイパーサーミア)。発汗量に比べ、水分や塩分の補給が追いつかないことによって脱水症状となる。熱失神、熱疲労、熱痙攣(けいれん)、熱射病の4つに分類でき、それぞれ症状が異なる。意識障害や痙攣が見られたら、直ちに対処すること。

熱中症になってしまったら、スポーツドリンクなど、ナトリウムを含む飲み物を飲ませる。ただし、冷たいものを大量に飲ませると、胃痙攣が起きる可能性があるので気を付ける。

特に乳幼児には、経口補水液(ORS)を与える。経口補水液は、調剤薬局などで販売されている厚生労働省許可個別評価型病者用食品だが、一般のドラッグストアには置いていないことが多い。代表的なものに、大塚製薬工場から出ている「OS-1」がある。嘔吐があるときは5分ごとに5mlずつ、それでも吐くようであれば15分〜30分後に5mlを再び飲ませてみる。飲用方法が難しいので、注意が必要だ。

また、霧吹きなどで全身に水を浴びせ、気化熱によって冷やす方法もある。冷たい缶ジュースや氷枕などをわきの下や股などの動脈が集中する部分に当てて冷やすのも効果的だ。その後、涼しい場所で休ませる。

低体温症、熱中症とも、できる限りすみやかに救急車を呼び、病院の治療を受けることが必要である。

左:ナトリウムを含むスポーツドリンクはこまめに飲みたい(大塚製薬工場・ポカリスエット)
右:脱水時には経口補水液を。ゼリータイプもある(大塚製薬工場・OS-1)

日本全国 フィールドガイド

日本の海岸線は長く、気候は亜熱帯から亜寒帯までと幅広い。シーカヤックをするにはとても恵まれた国だ。数多くあるフィールドの中から、初心者でも漕ぎやすい、とっておきのエリアを厳選して紹介しよう。

CHAPTER 6

日本の周りはすべてフィー

ここでは、シーカヤックをするのに適している海、つまりガイドがツアーを実施している場所を中心に紹介する。
日本各地の海を漕いでみれば、こんなにも違う海が一つの国にあることに驚くことだろう。
行ってみたい場所があれば、まずは各エリアのガイドツアー(巻末の「ガイド、ショップ一覧を参照)に参加するといい。
これは、あくまでもフィールド紹介のイントロダクション。
シーカヤックで楽しめる海はまだまだある。

日御碕
丹後半島
伊根
相ノ島　油谷湾　青海島　浦富海岸　常神半島
志賀島　　　　　萩　厳島　牛窓　相生　蘇洞門
南九十九島　若松北海岸　塩飽諸島　日生諸島
五島列島　　　　祝島　瀬戸内　小豆島　　　　三河湾
野母崎　　　　　　　しまなみ海道　湯浅湾　五ヶ所湾
　　　　天草諸島　　　　千羽海岸
　　　上甑島　　由良半島　出羽島　紀伊長島
　　　　　　　　　　　　津島、大島　古和浦湾
　　　　錦江湾　　　　　　　　　英虞湾
　　　　坊津

　　　　種子島

奄美大島

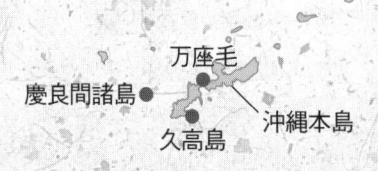

　　　　　　万座毛
慶良間諸島●
　　　　　　　　沖縄本島
　　　　久高島
西表島
　●石垣島
竹富島

ルドだ

積丹半島
知床半島
塩谷海岸
室蘭
襟裳岬

飛鳥
陸中海岸宮古
山田湾
粟島
船越半島
佐渡島
笹川流れ
大船渡
能登半島
御前湾
内浦
松島浦戸諸島
福浦八景

三浦半島
内浦
内房
西伊豆
外房
鴨川
南伊豆
式根島

父島

113

北海道

知床半島や積丹半島など、北海道ならではの自然と海の色を持つ魅力的なポイントがいくつもある。ただし、気象、海象ともに厳しいフィールドなので、最初はプロのガイドが主催するツアーに参加したい。シーカヤックはもともと、アリュートやイヌイットが狩りに使っていた道具が源流。古来から続く時間に思いを馳せるのもいいかもしれない。

知床半島

エリアの特徴と注意点

寒流である親潮の影響もあって水温は常に低く、北へ向かうほど気象、特に風が激しくなる場合が多い。魅力的なフィールドは半島や岬など、気象の影響を受けやすい。ガイドのもとでポイントごとに楽しむことからはじめよう。

ここに挙げたフィールドのほかに、天売島、焼尻島、礼文島、奥尻島などの島嶼部や、イルカが見られる可能性の高い室蘭周辺、函館の岩部海岸や函館山などがフィールドとして知られている。緊急時を除き、北海道全域でシーカヤックでの漁港の使用は禁止されているので、注意が必要だ。

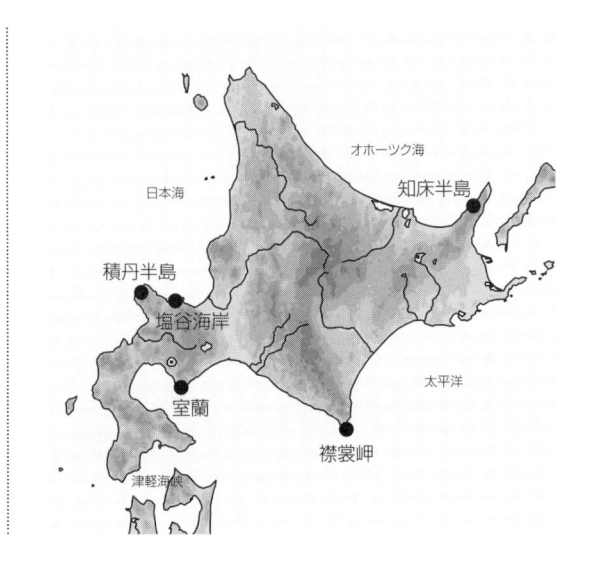

日本全国フィールドガイド

知床半島

　世界遺産に登録されるには、それなりの理由がある。それは厳しい自然、つまり危険と隣り合わせだということ。基本的に、まずはプロのガイドツアーに参加することをすすめるが、シーカヤックをやるのであれば、いつかは知床を漕いでほしいと思う。
　ウトロ側の北部と羅臼側の南部で大きく性格が異なる。初夏から夏にかけて比較的海が落ち着くことが多い、ウトロ側でのシーカヤッキングをすすめる。断崖絶壁と滝が海に落ち込む雄大な風景が続き、知床半島の魅力の大半が集まっているといえる。

積丹半島

　愛好家の間では「積丹ブルー」と呼ばれ、独特の海の色を持つ積丹半島。見上げるような断崖や奇岩も多く、魅力的なフィールドである。そのぶんコースの途中で避難や上陸できる場所が少なく、出艇やツーリング中の判断は慎重を要する。
　美国町の沖にある宝島近辺は、グラスボートが出ていることからも透明度の高さがうかがえる。美国小泊海岸から入舸までの約14kmがメインのフィールド。小泊海岸や入舸から車で10分ほどの場所に、それぞれキャンプ場がある。

塩谷海岸

　勇壮な断崖絶壁が続き、いくつかの洞窟もある。水の透明度も高く、すばらしいフィールドだ。夏期は断崖で南〜東の風を避けられるため、凪の日が多い。さらに、札幌や小樽から近いこともあって注目のフィールドとなっている。
　小樽の祝津海岸から、蘭島海岸までの約20kmがメインのフィールド。祝津海岸は狭く、蘭島海岸も北の短い夏を満喫する海水浴客であふれる。譲り合って海に出よう。

襟裳岬

　襟裳岬では、アザラシウォッチングを楽しむことができる。運が良ければ、シーカヤックのすぐそばに顔を出すアザラシを見られるだろう。好奇心が強いので、近寄ってくるアザラシもいる。ただし、付近は岩礁が多い上に水温が低いため、初心者や単独で漕ぎ出すことは非常に危険だ。シーカヤックでのアザラシウォッチングを専門に行っているガイドがいるので、ツアーへの参加を薦める。夏期を中心に気候も安定し、特別なカヤッキングを味わえる。

東北

日本の代表的リアス式地形である三陸海岸は、青森県南東部から宮城県の牡鹿半島までの約600kmにおよび、陸に深く切れ込んだ湾内は外海からの影響が少ない。外海側は峻険で高い断崖が続き、自然の大きさを感じるだろう。岩手県宮古市では、フィールドの魅力を生かしたシーカヤックマラソンが毎年開催されている。カヤックへの取り組みはさかんだ。

山田湾

エリアの特徴と注意点

　初心者は、山田湾や御前湾などの湾内でのツーリングから始めよう。外海側は断崖絶壁がえんえんと続き、海が荒れても逃げる場所がない。さらに、寒流となる親潮の影響で水温も低く、夏期は霧が発生する。基本的に厳しいフィールドだが、条件さえ整えばすばらしい世界が眼前に広がる。

　ほかに、仙台から近い松島浦戸諸島、日本海側の笹川流れ、粟島でも、ガイドツアーが行われている。男鹿半島や津軽半島も魅力的。ウニをはじめとする海産物は漁協の厳重な監視下に置かれているので、くれぐれも採ったりしないように。

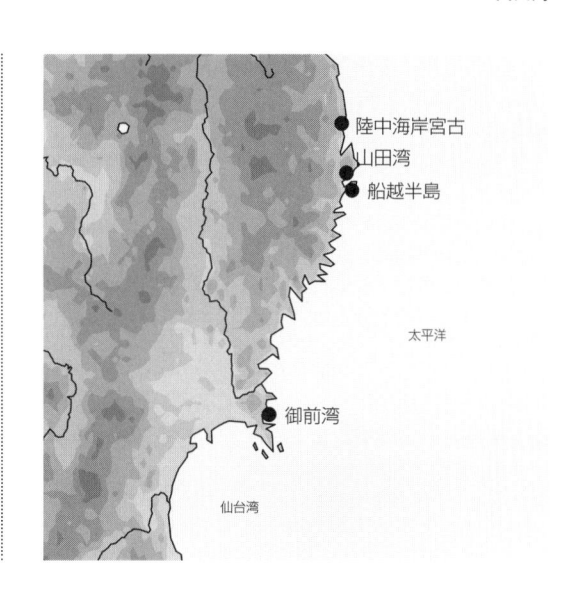

陸中海岸宮古
山田湾
船越半島
太平洋
御前湾
仙台湾

陸中海岸宮古

　田老から宮古がメインフィールドとなる。断崖や入り組んだ海岸線、多くの海食洞、ロウソク岩に代表される奇岩が続き、波が静かであれば何時間漕いでも飽きることはない。

　また、屈指の観光地である浄土ヶ浜にもカヤックで入っていくことができる。上陸ポイントは少なく岩礁も多いので、天候の変化には十分注意すること。風、波ともに静かになる夏期が最も条件が良い。日中であれば、「リアスハーバー宮古」のスロープから出艇、上陸することが可能だ。

山田湾

　湾口が狭いため、台風直撃時以外はだいたい漕ぐことができる貴重なフィールド。湾のほぼ中央にオランダ島（1643年、大島にオランダ船〈ブレスケンス号〉が寄港したのが由来）、小島があり、島の周りはエメラルドグリーンの美しさである。湾の南にある浦の浜から出艇し、大島でランチをとってゆっくりするのがおすすめだ。

　養殖いかだが増えているので、行き交う漁船に注意したい。湾口にある明神崎を越えると断崖が続く。外海の影響を直接受けるので、慎重な判断が必要である。

御前湾出島

　御前浜から、沖に浮かぶ出島までが推奨フィールド。三陸海岸の南に位置し、北部のように断崖が続く場所は少ない。海の美しさや海岸線の複雑さ、シーカヤックでしかアプローチできない場所の多さなど、イントロとして十分に楽しめる要素がそろっている。

　湾内には、カキやホタテなどの養殖いかだが多数あるので漁船に注意しよう。出島の東側は岩礁が多く、外海に面しているので複雑な波が立つ。島の北側と毘沙門島の間で波が崩れている場合は、そこから先に行かない方が無難である。

船越半島

　巻頭ページで紹介している、海に直接落ちる滝やそびえる断崖、入り組んだ海岸など、一周30kmほどの半島に、三陸海岸のハイライトが凝縮されているフィールドだ。そのぶん外海の影響を直接受けやすい。唯一ツーリングに適した時期の夏期には霧が多く、初心者のみのツーリングは避けてほしいところ。ガイドツアーを実施しているところもあるので、まずはツアーへの参加をおすすめする。くびれた半島の付け根部分は1.5kmほどしかないので、一周してゴールにたどり着ければ車の回収は非常に楽だ。

関東

首都圏の主なフィールドとしては、三浦半島、房総半島、そして伊豆七島などが挙げられる。特に三浦半島の西海岸側は、海岸ごとにアウトフィッターやスクールがあると言われるほどで、日本のシーカヤックシーンでは中心的なフィールドとなっている。

三浦半島

エリアの特徴と注意点

　東京から比較的近い三浦半島の西海岸や房総半島南部の内房側は、シーカヤックを楽しむ人も多いので地元での認知度も高く、理由なく出艇を断られることはほとんどないだろう。ほかに館山、鴨川などの外房、伊豆七島などがあるが、いずれも外海の影響を直接受けるため、中〜上級者向けとなる。

　周囲12kmほどの式根島では、ツアーを行っているガイドもいる。静岡県・下田から、新島、式根島、神津島を回る神新汽船の貨客船では、カヤックを積んで運ぶことが可能だ。

日本全国フィールドガイド

内房

東京湾内なので海も荒れにくく、シーカヤックデビューには適している場所だ。千葉県南房総市内、大房岬から南無谷崎(なむやさき)を経て保田周辺までが主なフィールドとなる。長い断崖や滝などは見られないが、ゆるい風景の中をゆっくりとツーリングしたり、カヤックからの釣りを楽しんだりと、のんびりエンジョイするのに向いている。館山の沖ノ島周辺も初心者向けだ。

夏期でも海水浴場が混雑することは少ないが、海岸にアプローチする道は狭いので注意。館山道も開通し、アプローチも楽になった。

三浦半島・西海岸

森戸海岸、葉山の大浜海岸、秋谷、和田長浜が主な出艇、休憩ポイントとなる。笠島近辺は保護区に指定されており、シーカヤックも近付くことができないので注意。油壺湾や小網代(こあじろ)湾の奥は干潟と深い森があり、都会に近いことを忘れさせてくれる。条件が良ければ城ヶ島も一周できる。

夏期は海浜のほとんどが海水浴場となり、比較的大きな浜には海の家が立ち並ぶので、シーカヤックには不向き。和田長浜は駐車場やビーチが広いので、多少混雑する時期でも使うことができるだろう。

小笠原諸島・父島

東京・竹芝桟橋から船で25時間半かかる父島は、客船〈おがさわら丸〉が発着する二見港から、境浦、小港(こみなと)、ジニービーチまでが主なエリア。写真の南島は、一日に入ることのできる人数が限られているので注意が必要だ。

島内でキャンプはできないので、デイツーリングがメインになるが、それでも十分に楽しむことができる。イルカやアオウミガメに出合うチャンスもあるし、随所に太平洋戦争当時の戦跡も見られ、1度訪れるだけではもったいない島である。

伊豆半島

伊豆半島は首都圏や中部圏から比較的近く、日本で最も有名なシーカヤックフィールド。太平洋に突き出た半島なので、厳しいコンディションになることも多いが、短い距離の間に劇的に変化する海岸線は、他に類を見ないほどである。それは、この半島がその昔、島であったことにも起因している。約100万年前、太平洋上に浮かぶ島であった伊豆半島は、太平洋プレートに乗ってグングンと西に向かい、本州にぶつかったといわれている。

西伊豆

エリアの特徴と注意点

松崎を中心とする西伊豆エリアと、入間(いるま)から弓ヶ浜までの南伊豆エリアが中心。そのほか、内海で穏やかな日が多い内浦エリアと、観光地として有名な東伊豆エリアに分けられる。風向きや波によって、西から南伊豆、もしくは東伊豆で漕ぐかを決める。海岸沿いに遊歩道があり、温泉も多いので、海が荒れても陸上での楽しみがある。最近は、洞門や崖の崩落も報告されているため、地元のショップや漁師などから状況を聞いた方がいいだろう。例年6月〜9月は、海岸線でのキャンプは禁止されている。

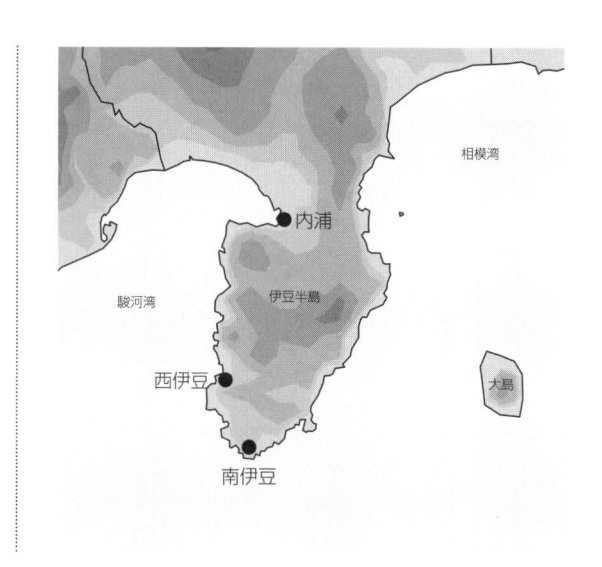

日本全国フィールドガイド

内浦

　伊豆半島西側のくびれた部分が、内浦湾と呼ばれる場所。外海の影響を受けにくく、静かな日が多いこのエリアは初心者向けともいえる。「三津シーパラダイス」の横にある小さな砂浜から出艇できる。内浦湾でも最深部に位置するこの浜は、波もまったくといっていいほど入ってこないので、簡単に水の上に浮かぶことができる。淡島から、伊豆半島西側の肩部分にあたる大瀬崎までがフィールド。内浦湾は養殖いかだが多く浮かび、大瀬崎はダイビングのポイントなので注意。

西伊豆

　美しい海はもちろんのこと、急峻な崖、入り組んだ海岸線、数多くの海蝕洞、ほぼ湾ごとにある温泉が魅力。これらが約20kmの間に凝縮されており、地球的な規模で見ても、おそらくこれほどまでに濃いフィールドは稀である。
　松崎海岸から、「東洋のコートダジュール」と言われる岩地、雲見崎を越えて西伊豆のハイライトの千貫門、猿に気を付けたい波勝崎、子浦、妻良、そして入間までがフィールドとなる。静かなときは、入り組んだ海岸線をなめるように漕ぎたい。

南伊豆

　入間から奥石廊と呼ばれる海岸線を経て、石廊崎を越え、弓ヶ浜、下田を過ぎて爪木崎をぐるりと回り、外浦までがフィールドとなる。この一帯は黒潮の影響を強く受けるので、上級者向けのエリアとなる。
　高い断崖が続き、岩礁や隠れ岩が多く荒れやすいうえに、集落がある地域に北東の風が吹くときには、風の通り道となって出し風が吹く場合もある。しかし、透明度の高い海は深い緑色と青で、その上に浮かぶシーカヤッカーを魅了してやまない。

中部

三河湾や伊勢志摩、紀伊長島など恵まれたフィールドを持つ中部圏も、早くから多くの愛好家がシーカヤックを楽しむ場所となった。三重県・鳥羽から、伊勢湾の出口、伊良湖水道に浮かぶ神島へと漕ぎ渡る「鳥羽・神島カヌートライアル」は、日本で最も古くから行われているシーカヤックイベントの一つだ。

英虞湾

エリアの特徴と注意点

　伊勢志摩はリアス式とよばれる入り組んだ海岸線を持つため、昔から中部圏でも屈指のフィールドとなっている。同時に、古くから養殖漁業に活用されており、張りめぐらされた網と行き交う漁船には注意が必要。五ヶ所湾、紀伊長島近辺もおすすめのフィールドだ。

　ローカルルールにより、三河湾・佐久島の西に浮かぶ篠島から、知多半島方面へ漕ぎ渡るのは禁止されている。古くからシーカヤックフィールドとして開かれた場所なので、先人が築いてきた信用を崩さないように気を付けたい。

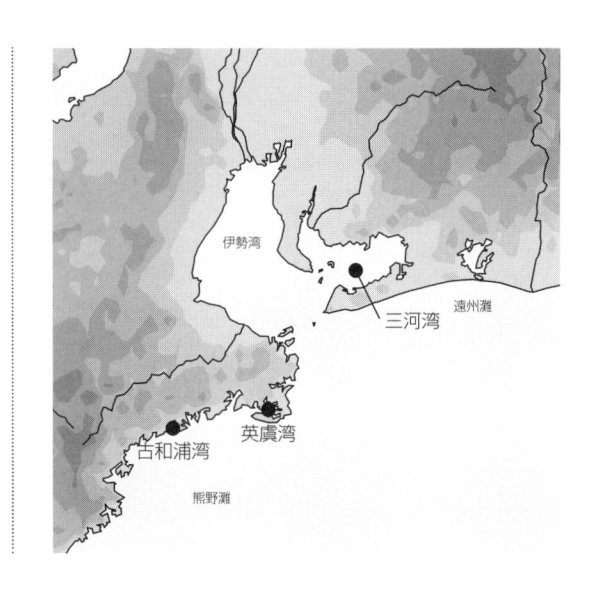

日本全国フィールドガイド

三河湾

　東幡豆（ひがしはず）海岸をベースに、梶島、佐久島への島渡りが主なフィールドとなる。佐久島は上陸可能な浜も多いので、ちょっとした冒険気分を味わえる。夏期以外は恵比寿海水浴場も使用が可能。

　三河湾は伊良湖岬で外洋と区切られており、大きなうねりや潮流の影響が少なく、比較的静かな海だ。ただし水深が浅いため、風が吹くとピッチの短い波が立ちやすい。漁船も多いので周囲には気を配ること。スナメリを見かけることもあるという。

英虞湾（あごわん）

　細長い前島（さきしま）半島が熊野灘から海の一部を囲いこみ、内側に64もの小さな島が浮かぶ、貴重な内海エリアである。湾奥は養殖事業や市街地となるため、ほとんど護岸されている。したがって、前島半島側をベースにして湾内をパドリングすることになる。湾のほぼ中央部にある「次郎六郎海岸」という海水浴場を休憩に使うといいだろう。

　古来より豊穣の海として知られており、多くの漁船が行き交う。特に、島々の狭い水路を抜けるときは注意すること。

古和浦湾（こわうらわん）

　袋小路のような湾は外海からのうねりをさえぎり、湾口にある座佐浜は最高のキャンプ地。初心者でも心地良いキャンプツーリングが楽しめる。事故防止の観点から、「ロッジさらくわ」から漕ぎ出すことをおすすめする。地域やフィールドの特性、漁業の事情を理解するためにも、出艇前に行われる30分ほどのブリーフィングに参加するのがベスト。ただし、不定休で留守の場合もあるので、事前に連絡が必要だ。問い合わせ先は巻末の「ガイド、ショップ一覧」を参照のこと。

近畿、北陸

四方を日本海、琵琶湖、瀬戸内海、太平洋岸に囲まれ、シーカヤックで楽しむには恵まれた場所である。裏日本とも呼ばれていた日本海側の若狭湾や能登半島は、思いのほか関西圏から近いことがわかるだろう。特に若狭湾には原子力発電所があるため、周囲に自然が多く残され、結果的に美しい海を堪能できるという皮肉な場所だ。

常神半島

エリアの特徴と注意点

多くの自然が残り、干満がほとんど見られない日本海側は、夏期が適したシーズン。若狭湾の常神(つね かみ)半島や能登半島、浦富海岸は有名なフィールドだ。能登半島は、半島に囲まれた内浦と外浦で大きく様子が異なる。太平洋に面した紀伊半島は厳しい海象で、湯浅湾のほかにも、串本沿岸などスポットごとに楽しめる。

また、海ではないが、琵琶湖もツーリングに適したフィールド。日本に最も早くシーカヤックを紹介したショップの一つがある。

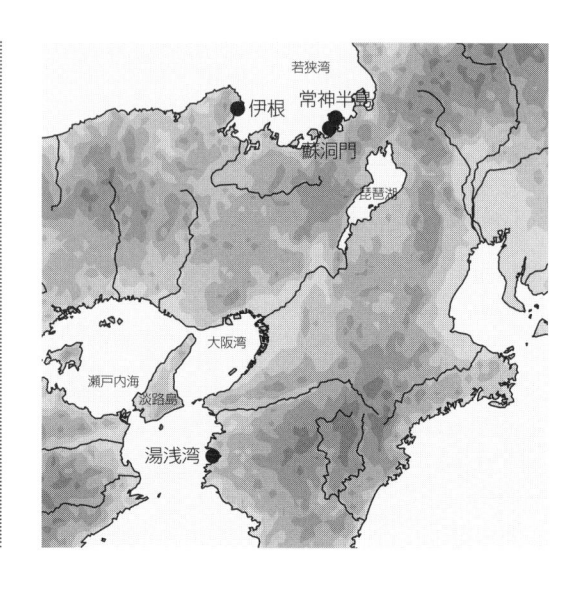

丹後半島・伊根

　まるで海の上に浮かんでいるような家並みの、伊根の舟屋。伊根を抱くように日本海の若狭湾に突き出た丹後半島は、約150kmにわたる複雑で入り組んだリアス地形を持つ、魅力的な半島だ。

　伊根から本庄浜までが主なフィールドで、5月下旬から8月くらいまでがベストシーズン。干満差がほとんどないため、潮流や海流の影響を受けにくい。伊根湾内をパドリングするときは、観光船や漁船に十分注意するとともに、舟屋は個人の家であることを忘れてはならない。

蘇洞門

　堅海から犬熊までの約18kmが主なフィールド。若狭湾の自然の要素を凝縮したようなすばらしい場所だ。植林のパッチがほとんど見当たらない、原始からの照葉樹林。切り立った急峻な崖が連続し、多くの海蝕洞がある。

　このエリアのハイライトは、ほぼ中間点にある大門と小門。大門はカヤックでくぐれるが、観光船が行き交うこともあるので十分注意する。小鯛ノ鼻と七蛇鼻を結ぶ湾内の集落は、カヤックを含む小型船の出入りを禁止しているので気を付けたい。

湯浅湾

　京阪神から近く、入り組んだ海岸線とアイランドホッピングが楽しめる。西広海岸から刈藻島、鷹島、黒島を経て、大引までが主なフィールド。北は宮崎ノ鼻、南は白崎に囲まれるので比較的静かだが、干満の差が大きく、海水面の高さによって漕げるコースが違ってくる。

　南北方向の風が強く吹くときには、名南風鼻から先は荒れている。また、島の西側、つまり沖側は不規則な波が立つところが多い。島を回り込む際は、その先にある海の状態に気を配るようにしよう。

山陰

都市圏からのアプローチに時間がかかることもあるのが難点だが、美しくすばらしい海が点在するエリア。油谷湾ではシーカヤックのイベントも開催されている。海岸線に沿ってJR山陰本線が走っているが、本数が少ないので、ベースを決めて周囲をツーリングし、元の場所に戻ってくるスタイルが一般的だろう。

日御碕

エリアの特徴と注意点

　秋の終わりから春先まで北西風が強く吹き、海が荒れる日が多い。夏はベタ凪と呼ばれるほど静かな日が多くなる。干満の差がほとんどないので、湖のような海をツーリングすることができる。だが、最近は天気が急変することも多いようなので、気象情報はしっかりと把握しよう。いずれのフィールドも魚影が濃く、釣りを楽しむことができる。

　そのほか、青海島(おうみしま)は変化に富んだ海岸線と美しい海を堪能できるが、観光船の往来が激しい。日御碕西海岸や加賀地区も魅力ある場所だ。

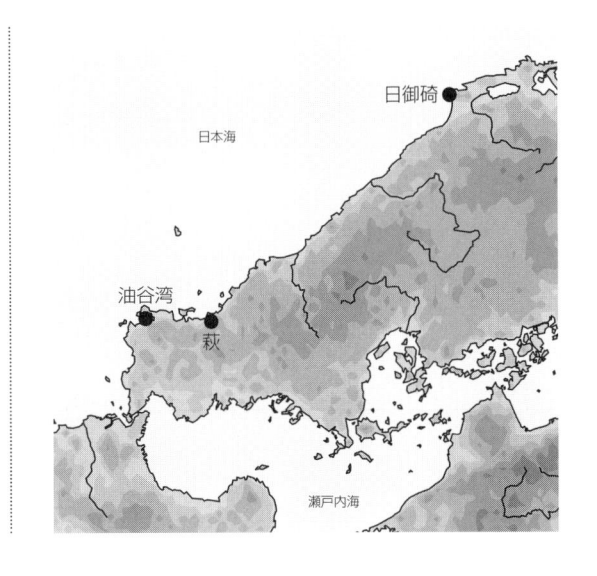

日本全国フィールドガイド

日御碕東海岸
ひのみさき

　おわし浜をベースに、西は日御碕灯台、東は高袋と呼ばれる浜までの約8kmが主なフィールド。海中公園になっている美しい海と入り組んだ海岸線、高い断崖、変化に富んだ風景の中でのツーリングを楽しむことができる。
　エスケープできるポイントはほとんどないため、天候や海象の情報をきちんと入手し、十分な検討を行ってから海に出よう。この周辺の天候は思いのほか変わりやすい。日本海側の海が静かになる6～9月がベストシーズンだ。

萩

　萩は、橋本川と松本川に挟まれた扇状地にある城下町。堀が残っており、自然と人工の面白さを味わえる。橋本川の河添河川公園にある、カヌーポートから出艇する。橋本川を下り、指月・西の浜に上陸。その後大瀬鼻を回り、指月山の海岸線をたどって掘割運河から橋本川に戻り、新堀川の平安橋を過ぎて水門まで漕いだらUターン。再度橋本川に戻って、河添河川公園に帰着する4～5時間のコースがおすすめだ。初心者向きだが見所も数多くあり、ゆったりと楽しむことができる。

油谷湾
ゆや

　伊上海浜公園のオートキャンプ場をベースに、竹島を経て串山までの約6kmが主なフィールドとなる。半径1kmほどのエリアに3つの無人島があり、のんびりとアイランドホッピングを楽しむことができる。湾内のいたるところが釣りのポイントなので、カヤックフィッシングを楽しむのもいいだろう。
　シーカヤックアカデミーやマラソン大会など、イベントも行われている。外海に近いところでは海女漁もさかんだが、むやみに近寄ったりしないこと。また、油谷キャンプ場のビーチには上陸できないので注意したい。

山陽、四国

日本で唯一、かつ最大の多島海が瀬戸内海だ。まさに海が生活の一部となっているフィールドである。ここに挙げた以外では、日生諸島や小豆島、祝島、四国の由良半島などもすばらしい場所。瀬戸内海ほぼ全域で楽しむことができ、まだあまり紹介されていないフィールドも多く残っている。

厳島

エリアの特徴と注意点

　瀬戸内海をパドリングするときに必ず持っていきたいのが、潮汐表。潮の干満によって現れる潮流はまさに川のように流れる。瀬戸内海のほぼ中央にある備後灘では、満潮時は東西からの潮流が合流する。干潮時には、ここを起点に東西へ向かって流れていく。瀬戸内海には備讃瀬戸航路や宇高航路、水島航路など大型船が途切れることなく通る航路があるので、絶対に横断しないこと。その他多くの航路があり、島渡りには十分な注意が必要だ。フェリーにシーカヤックを乗せて島に渡り、そこを拠点に周囲の島々を旅するのも可能だ。

しまなみ海道・鞆の浦

　鞆の浦は、2008年に公開されたアニメ映画「崖の上のポニョ」のモデルとなった街と言われている。その鞆港をベースに、仙酔島、田島、百島の島々をシーカヤックでめぐることができる。田島のクレセントビーチはエスケープポイントだ。
　春から秋がベストシーズンだが、南西風が強いと随所で荒れる。瀬戸内海のほぼ中央に位置し、双方の潮流がぶつかる場所だ。そのため潮待ち、風待ちの港として栄えた。船の往来が頻繁にあり、鞆港、弁天島、阿伏兎観音付近は特に多い。

牛窓

　関西都市圏から高速道路を使って2時間ほど。西脇海水浴場から前島、黄島周辺が主なフィールドとなる。沿岸に小さな島がいくつも浮かび、静かで穏やかな風景が広がって「日本のエーゲ海」と呼ばれている。
　内海であるのに加え、南には小豆島が横たわっているので、海が静かな日も多い。ヨットや釣りなどのマリンスポーツがさかんだ。シーカヤックツアーも頻繁に行われているおかげで、認知度も高く、地元の人たちの理解もある。

厳島（宮島）

　世界遺産に登録されている厳島神社が、このフィールドのハイライト。屋田越漁港から厳島に向かい、最短距離で島へ渡った後は島沿いに漕ぐ。巨大な鳥居をカヤックから見上げるのは感動的だ。フェリー航路を横切る際は、厳島側のフェリー桟橋のスロープ下をくぐり抜けること。宮島の裏側、つまり南側は神社側の喧騒がウソのように人家がまったくなく、無人島を漕いでいるような感覚になる。ところどころに浜もあり、上陸して休憩できる。冬から春に吹く強い北西風に注意。

千羽海岸、出羽島

　千羽海岸は、田井ノ浜から古牟岐港までが主なフィールドになる。太平洋の荒波によって作られた勇壮な断崖が続く海岸は、漕いでいると人間の小ささを感じる。太平洋上に低気圧があると、影響を直に受けるので注意。また、牟岐浦の沖に浮かぶ大島、津島、出羽島にも、天候が安定していれば訪れたい。大島には透明度抜群の入江があり、珊瑚や熱帯魚をカヤックから見ることもできる。出羽島には「きんちゃく港」と呼ばれる奥深い小さな港や、「ミセづくり」と呼ばれる古い家並みが残っている。

北九州

数多くの島がある長崎県は、日本で2番目に長い海岸線を持つ県でもある。日本でも早くから、シーカヤックがレジャーとして普及した地域の一つだ。南九十九島は、休日ともなると多くのシーカヤッカーでにぎわう。各地に建つ教会が異国情緒をかもし出す五島列島や、島全体が人工物で覆われ「軍艦島」と呼ばれる端島など、ほかでは見られない個性的な島がそろっている。

南九十九島

エリアの特徴と注意点

　長崎県の南九十九島や、大村湾などの静かな内海を中心に、シーカヤックが普及してきた。他のアウトドアもさかんで、キャンプも寛容な場所が多いのがうれしい。秋から春の強い風には注意が必要だ。観光地も多いが、「ハウステンボス」にはカヤックでのアプローチはできない。外海に面するエリアは潮流の影響を強く受ける。特に五島列島は、島々の間をかなり激しく潮流が流れる。条件が整えば、野母崎と共に軍艦島へもパドリングするといいだろう。島渡りをはじめとして、島嶼部は中～上級者向けとなる。

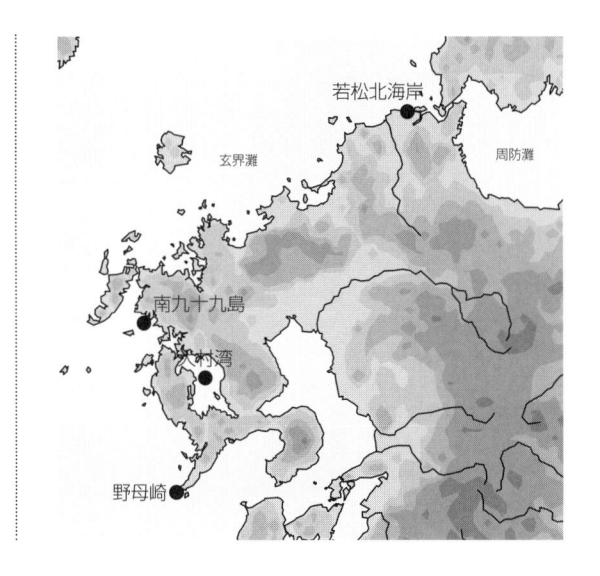

若松北海岸

　岩屋海水浴場から脇田海水浴場が主なフィールド。北九州の都市部に非常に近いにもかかわらず、自然にあふれた意外性のある海域だ。ここは福岡から始まり、佐賀、長崎までの各県の沿岸部に指定された玄海国定公園のスタート地点になっている。海岸線には、砂岩と泥岩で構成され、侵食された地形があちこちに見られる。芦屋層群と呼ばれる、約3,000万年前に堆積した地層が地表で見られる場所では、貝や樹木の化石を見つけることができる。

大村湾

　外海とつながっているのは北にある西海橋のみという、広大な湖のような大村湾。外海の影響を受けることはないので、初心者やのんびりツーリングに向いているフィールドである。湾内には200頭以上のスナメリが生息し、カヤックからも目撃されている。亀浦から尾戸半島の西部は、入り組んだ海岸線を持つリアス式海岸。堂崎〜大草南部は人工物も少なく、長崎空港周辺部もおもしろい。魚雷工場跡や大崎半島北部にある人間魚雷の基地跡などの戦跡もある。

南九十九島

　日本で最も早くシーカヤックが普及した場所の一つ。九十九島全体で208もの島があり、西海国立公園に指定されている。もろい地質なので、波や風などの浸食を受けて「ケスタ地形」と呼ばれ、複雑な海岸線と多くの島を作り出している。上陸できる島も多く、キャンプが可能な島もあり、内海なので荒れることも少ない。初心者にはうってつけのフィールドだ。養殖漁業がさかんなため、網や養殖棚に近付いたりその上を横断したりしないこと。

南九州

男性的な海岸線と、美しく1年中漕ぐことができる暖かい海は、シーカヤックで遊ぶにはとても恵まれた環境である。静かな場所や荒れやすい場所など、さまざまな条件を取り揃えた海域は、「ウォーターフィールド」と「ナノック」という日本の2大シーカヤックメーカーを生んだ海でもある。

錦江湾

エリアの特徴と注意点

　対馬暖流や黒潮の影響が見られる九州南部は、水温も透明度も高く、遊ぶにはぴったりの海。だが、峻険な断崖が続く場所があったり、人口密度が非常に低かったりするので、フィールドによっては相応の判断力が求められる。外海に面している海域は、潮流も比較的速いので注意が必要だ。

　アウトドアアクティビティーもさかんで、キャンプ場が各地にあるので活用したい。島嶼部もすばらしいフィールドが多く、上甑島や種子島、太古の島、屋久島でもシーカヤックを楽しむことができる。

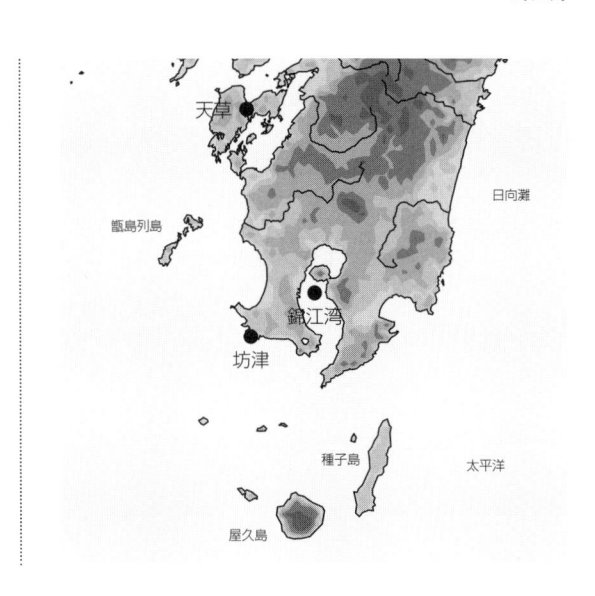

天草諸島

　大小150あまりの島々からなる天草諸島。内海なので、気象が安定しているときにはうねりのない静かな海となる。しかし、潮の干満の差が激しいため、それに伴って潮流が速くなる場所がある。特に、島の間は要注意だ。

　最南部の天草市牛深町周辺は対馬暖流によって浅瀬にサンゴが見られる場所もあり、南国の海を満喫できる。茂串白浜をベースに大島、桑島一帯や、砂月浦一帯がフィールド。

錦江湾（桜島沿岸）

　桜島の噴煙と大正、昭和に流れ出たばかりの溶岩を見ながらのツーリングは、ほかでは味わえない風景である。沿岸は外海からのうねりが入らず、海底から温泉が湧出しているところもあって、暖かく静かな海をツーリングすることができる。イルカの群れに遭遇したとの話もある。

　ただし、漁船やプレジャーボートが多いので注意。また、桜島を中心に風下に降灰の可能性があるので、出艇や着艇場所、キャンプ地の選定には、風向きを考慮に入れる必要がある。

坊津周辺

　九州南西のへりにあたるこのフィールドは、透明度の高いコバルトブルーの美しい海。サンゴの上を滑るように漕ぐことができる。硯石鼻の奥や坊岬には、カヤックでしか行けないビーチも点在する。丸木浜をベースに、坊岬から北は野間岬まで、南は枕崎港までが主なフィールドとなる。有名な磯釣りポイントは、潮流やうねりの影響を受けやすいので、気象状況をしっかり把握してから海に出る必要がある。ここは、かつて遣唐使との交易が行われていた日本の玄関口でもあったという。歴史に思いを馳せるのもいいだろう。

南西諸島

サンゴの森の上をすべり、飛ぶように進むカヤック。透明度が高く、暖かい海に思わず顔がゆるむ。気が向いたらシュノーケリングをしてもいい。ボートが入っていけないような浅くて狭いところでも、カヤックなら入っていける。南の海はシーカヤックの入門には最適の海だ。

奄美大島

エリアの特徴と注意点

　水温が高く美しい海だが、夏期は日焼け対策を厳重に行うこと。最近はあまり見なくなったようだが、猛毒を持つハブが生息する。草むらには不用意に入らないようにしよう。オーバーユースを避けるために、ローカルルールを設定しているところもある。紹介したフィールドのほかに、奄美大島の北部海岸や笠利湾、住用村のマングローブ、中～上級者向けには加計呂麻島南部、そして、沖縄本島南部の奥武島から久高島、西に位置する万座毛などが良い場所だ。

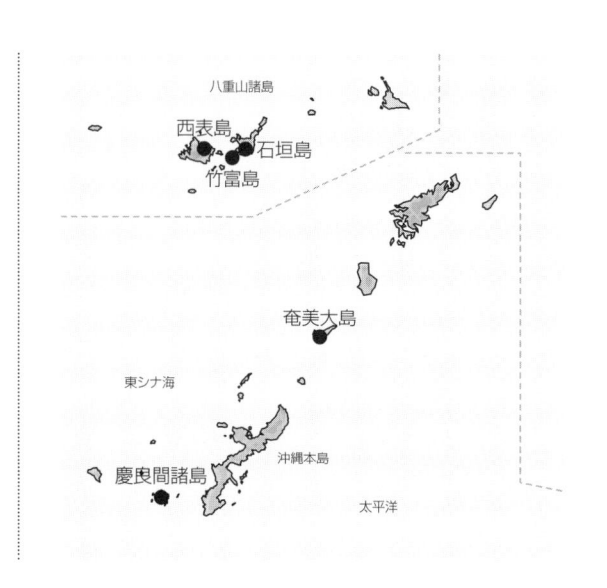

日本全国フィールドガイド

奄美大島・瀬戸内海峡(せとうち)

　奄美大島本島と、南に位置する加計呂麻島の間に横たわる瀬戸内海峡が主なフィールド。嵐を避ける避難港としても使われてきたため、荒れることは少ない。毎年初夏に行われるシーカヤックマラソンは全国最大規模だ。県内外から200艇以上が集まるので、地元でのシーカヤックの認知度も高い。ヤドリ浜や清水(せいすい)、加計呂麻島側の渡連(どれん)のあたりが特に美しい。海峡の出口付近は潮流も速くなるので注意しよう。

慶良間諸島(けらま)

　日本にシーカヤックが入ってきた直後から紹介されてきた、有名な場所だ。渡嘉敷島(とかしきじま)から座間味島(まみじま)、阿嘉島(あかじま)、モカラク島の一帯が主なフィールドとなる。冬期は風が強いので上級者向けとなるが、基本的に水温が高いことと、島々に囲まれた海域ということもあり、コース取りによっては初級者から楽しめる。2月から4月にかけては、ザトウクジラに出合うチャンスがあることも魅力だ。慶良間諸島では原則的に、キャンプ場以外でのキャンプは禁止されている。

八重山諸島

　西表島(いりおもてじま)、石垣島、竹富島は島全体がシーカヤックのフィールドとなる。のんびりした時間や島の生活、自然を存分に楽しめる。サンゴのかけらでできた白い砂浜とエメラルドグリーンの海は、訪れた人を魅了してやまない。西表島・浦内川のマングローブは近年オーバーユースと言われており、プレジャーボートや遊覧船も多く出ているので、できれば地元のガイドを利用したい。冬から3月ごろまでは荒れることも多い。特に、春先に現れる台湾坊主と呼ばれる小型台風には要注意だ。

全国のビルダー、インポーター一覧

●ノーライトデザイン
北海道札幌市豊平区西岡5条14丁目26-22
TEL: 011-596-5205
E-mail: info@norlite-d.com
http://www.norlite-d.com
取り扱いブランド：ノーライトデザイン

●パール金属株式会社
新潟県三条市五明190
TEL: 0256-35-3117
E-mail:captainstag@mail.p-life.co.jp
http://www.captainstag.net/
取り扱いブランド：マリブ・オーシャンカヤック、ネッキー・カヤック、オールドタウン・カヤック、ワーナーパドル、ベンディングブランチ・パドル、キャノンパドル、イマージョンリサーチ、NRS、アストラル・ボヤンシー

●アウトドアライフストア ウエスト 新潟店
新潟県新潟市中央区神道寺南2-3-26
TEL: 025-241-8800
E-mail: westniigata@px0256.ne.jp
http://www.west-shop.co.jp
取り扱いブランド：フェザークラフト

●スパークル！
埼玉県所沢市上新井223-5
TEL: 090-1124-1351
E-mail: m.k-sparkle@nifty.com
http://homepage3.nifty.com/kayak-sparkle/
取り扱いブランド：フェザークラフト

●レイドバック
埼玉県蕨市南町2-17-1
TEL: 048-444-1507
E-mail: laidback@warabi.ne.jp
http://www.kayak-laidback.com
取り扱いブランド：フェザークラフト

●セタス
千葉県鴨川市太田学201-1(事務所、工房)、千葉県鴨川市横渚1546-3(ショップ)
TEL: 04-7093-1920
E-mail: shop@cetusk.com
http://www.cetusk.com/
取り扱いブランド：フェザークラフト、ウェイブスキー、アイランドスキー

●ソルティーズ・パドルスポーツ
千葉県南房総市富浦町南谷2287-2
TEL: 0470-20-4131
E-mail: info@saltys.info
http://www.saltys.info
取り扱いブランド：Q-kayaks

●スクープアウト
東京都中野区上高田2-16-9
TEL: 03-5647-6645
E-mail: info@scoop-out.com
http://www.scoop-out.com
取り扱いブランド：Point65

●サウスウインド
神奈川県横浜市中区海岸通4-23 相模ビル1-1
TEL: 045-222-1322
E-mail: foam8@swss.jp
http://www.swss.jp/
取り扱いブランド：マリブカヤックス

●有限会社阿部自動車 OD事業部ホリデークラフト
神奈川県横浜市都筑区勝田町715
TEL: 045-591-8589
E-mail: rv-abe@h9.dion.ne.jp
http://www.h7.dion.ne.jp/~h-craft/
取り扱いブランド：ホリデークラフト

●カナイ設計
神奈川県鎌倉市七里が浜1-16-6
TEL: 0467-32-0869
E-mail: kanai-sekkei@mta.biglobe.ne.jp
http://www.wood-sea-kayak.com/
取り扱いブランド：Chesapeake Light Craft

●カトーカヌーイングスクール
神奈川県三浦郡葉山町堀内339
TEL: 046-875-1673
E-mail: sea@katocanoe.com
http://www.katocanoe.com/
取り扱いブランド：KUROSIO、SEA FOX、ZEPHYR、OYASIO、ブラーチャ タイフーンパドル

●弓ヶ浜カヌースクール
静岡県賀茂郡南伊豆町下賀茂537-12
TEL: 0558-62-4185(090-4187-5411)
E-mail: kurou@quartz.ocn.ne.jp
http://www2.ocn.ne.jp/~kamwy/school.html
取り扱いブランド：Kamwy Paddle(グリーンランドパドル)

●西伊豆コースタルカヤックス
静岡県賀茂郡松崎町松崎323-5
TEL: 0558-42-0898
E-mail: wbs14664@mail.wbs.ne.jp
http://www2.wbs.ne.jp/~nck/index2.htm
取り扱いブランド：ニンバス

●パドルコースト
三重県度会郡度会町大野木1792-2
TEL: 0596-62-0337
E-mail: paddlecoast@cocoa.plala.or.jp
http://www1.ocn.ne.jp/~paddleco/
取り扱いブランド：パドルコースト

●株式会社ファルトピア
滋賀県大津市今堅田2-14-23
TEL: 077-574-0900
E-mail: canoe@faltpia.co.jp
http://www.faltpia.co.jp
取り扱いブランド：Valley、Pyranha、P&H、Lettmann

●グランストリーム
滋賀県高島市マキノ町海津605
TEL: 0740-20-2620(090-9371-3625)
E-mail: ose@granstream.jp
http://www.granstream.jp/
取り扱いブランド：フェザークラフト、ウィルダネスシステムズ、MTI、Aqua Bound

●有限会社フジタカヌー
京都府相楽郡笠置町佐田45
TEL: 0743-95-2507
E-mail: info@fujitacanoe.com
http://www.fujitacanoe.com
取り扱いブランド：フジタカヌー

●株式会社モンベル
大阪府大阪市西区新町1-33-20
TEL: 06-6536-5740
http://www.montbell.com
取り扱いブランド：アルフェック、パーセプション、ダガー、ウィルダネスシステムズ

●高階救命器具株式会社
大阪府大阪市浪速区久保吉1-1-30
TEL: 06-6568-3512
E-mail: y_ogura@tlpc.co.jp
http://www.tlpc.co.jp/
取り扱いブランド：Aqua Bound、Palm、Current Designs、MTI、SWEET、Native watercraft

●株式会社アオキカヌーワークス
大阪府枚方市村野高見台10-5
TEL: 072-840-3320
E-mail: aokicanoe@kanu.co.jp
http://www.kanu.co.jp
取り扱いブランド：プリヨン

●株式会社finetrack
兵庫県神戸市兵庫区熊野町1-1-4
TEL: 078-512-2636
E-mail: info@finetrack.com
http://www.finetrack.com/
取り扱いブランド：finetrack

●ヒロ ウッデンカヌーショップ
島根県松江市東忌部町813
TEL: 0852-33-2673
E-mail: nagase1@woodencanoe.

全国のガイド、ショップ一覧

※（　）内は、主なガイディングフィールド

北海道

●ノーザンアドベンチャーカヤックス
TEL: 090-8634-0510
E-mail: shiretokoexp@yahoo.co.jp
http://shiretokoexp.sports.coocan.jp/
ガイド（知床半島）

●知床アウトドアガイドセンター
北海道斜里郡斜里町字岩尾別
TEL: 0152-24-2633
E-mail:outdoor@shiretoko-guide.com
http://www.shiretoko-guide.com
ガイド（知床半島）

●クリフカヤックス
北海道幌泉郡えりも町字えりも岬59番地
TEL: 01466-3-1088
E-mail: cliffkay@sea.plala.or.jp
http://www5.plala.or.jp/clifferimo/
ガイド（襟裳岬、アメリカ・モントレー）

●NACニセコアドベンチャーセンター
北海道虻田郡倶知安町字山田179-53
TEL: 0136-23-2093
E-mail: mail@nac-web.com
http://www.nac-web.com
ガイド（積丹、雷電、小樽）、ショップ

●Blue Holic Sea Kayak St.
北海道小樽市塩谷1-28-13
TEL: 0134-26-1802
E-mail: b-holic@mtg.biglobe.ne.jp
http://www5c.biglobe.ne.jp/~b-holic/
ガイド（北海道西岸）

東北

●KIWI&ATCスポーツ
青森県青森市小柳4-1-8
TEL: 017-765-3918
E-mail: kiwiatc@atc-sports.co.jp
http://www.atc-sports.co.jp
ガイド（青森県全域、十和田湖、小川原湖、下北・津軽、夏泊半島、陸奥湾）、ショップ

●Sea-son（シーズン）
岩手県宮古市藤原1-6-18-305、岩手県宮古市神林9-1 リアスハーバー宮古内（ショップ）
TEL: 0193-71-2345
E-mail: sea-son@par.odn.ne.jp
http://sea-son.net
ガイド（三陸）、ショップ

●MESA
岩手県釜石市嬉石町2-4-3
TEL: 0193-22-7005
E-mail: mesa-88@amber.plala.or.jp
http://www.mesasanriku.com
ガイド（岩手県沿岸）、ショップ

●有限会社とがしスポーツ
山形県酒田市こがね町1-10-4
TEL: 0234-24-5255
E-mail:togasi-sport@sunny.ocn.ne.jp
http://www.togashisports.com/
ショップ

●EARTH QUEST
宮城県牡鹿郡女川町御前浜字御前1-1
TEL: 0225-50-2077
E-mail: equest@k5.dion.ne.jp
http://www.h5.dion.ne.jp/~equest
ガイド（宮城県沿岸）、ショップ

●マリンプランニング宮城
宮城県黒川郡富谷町富ヶ丘2-8-19
TEL: 090-2993-2793
E-mail: info@mariplamiyagi.net
http://www.mariplamiyagi.net
ガイド（松尾湾、男鹿半島～三陸海岸全域、笹川流れ）、ショップ

●松島シーカヤックスクール
宮城県仙台市青葉区八幡6-8-26
TEL: 022-234-5247
E-mail: sendai@khnemu.co.jp
http://www.khnemu.co.jp/
ガイド（宮城県・松島）

●WEST三条店
新潟県三条市五明241
TEL: 0256-35-8228
E-mail: west@px0256.ne.jp
http://www.west-shop.co.jp/
ショップ

●アウトドアライフストア ウエスト 新潟店
新潟県新潟市神道寺南2-3-26
TEL: 025-241-8800
E-mail: westniigata@px0256.ne.jp
http://www.west-shop.co.jp/
ショップ

●インフィールド
新潟県妙高市田切219-273
TEL: 0255-87-2860
E-mail: mail@in-field.com
http://www.in-field.com
ガイド（新潟など日本海側）

●佐渡シーカヤック倶楽部
新潟県佐渡市相川下戸町81
TEL: 0259-74-2451

net
http://www.woodencanoe.net
取り扱いブランド：ベアマウンテンボートショップ、システムスリー

●パドル・パーク
広島県廿日市市物見東1-2-9
TEL: 0829-50-4340
E-mail: kubota@paddlepark.com
http://www.paddlepark.com
取り扱いブランド：フェザークラフト

●EL COYOTE
山口県豊浦郡豊田町中村624
TEL: 083-766-1014
E-mail: elcoyote1990@ybb.ne.jp
http://www.elcoyote1990.com
取り扱いブランド：EL COYOTE

●HORIZON
徳島県鳴門市鳴門町土佐泊浦黒山246-29
TEL: 088-687-2711
E-mail: kayak110@nifty.com
http://www.horizon-kayak.com
取り扱いブランド：Current Desings、kokatat、Northwater、Brooks

●サザンワークス
福岡県福岡市南区清水1-16-8-1F
TEL: 092-212-8339
E-mail: info@southernworks.com
http://www.southernworks.com
取り扱いブランド：フェザークラフト

●ウォーターフィールド
熊本県熊本市小島6-2-34
TEL: 096-329-5828
E-mail: mizuno@wfkayaks.com
http://www.wfkayaks.com
取り扱いブランド：ウォーターフィールド

●株式会社ランドアート
鹿児島県姶良郡姶良町平松7233
TEL: 0995-65-7452
E-mail: nanok@land-art.co.jp
http://www.land-art.co.jp/nanok/index.html
取り扱いブランド：ナノック

※上記の情報は、2008年9月現在のものであり、変更される可能性があります。

E-mail: sadoseakayak@yahoo.co.jp
http://sadoseakayak.main.jp/
ガイド(佐渡島)

関東

●ナムチェバザール水戸店
茨城県水戸市末広町2-2-7
TEL: 029-231-8848
E-mail: info@namchebazar.co.jp
http://www.namchebazar.co.jp
ショップ

●ナムチェバザール土浦店
茨城県土浦市中村南4-11-4
TEL: 029-843-8848
E-mail: hb2@namchebazar.co.jp
http://www.namchebazar.co.jp/
ショップ

●ZENシーカヤックスクール
千葉県鴨川市横渚1114 ZENビル
TEL: 04-7092-0478
E-mail: CQX06207@nifty.com
http://zen.ms-n.com/
ガイド(房総半島)、ショップ

●セタス
千葉県鴨川市横渚1546-3
TEL: 04-7093-1920
E-mail: shop@cetusk.com
http://www.cetus.com/
ガイド(房総半島、三浦半島、伊豆半島、奄美大島など)、ショップ

●ソルティーズ・パドルスポーツ
千葉県南房総市富浦町南無谷2287-2
TEL: 0470-20-4131
E-mail: info@saltys.info
http://www.saltys.info
ガイド(南房総、館山)、ショップ

●レインドッグ・シーカヤック・スキル・サービス
千葉県いすみ市岬町榎澤819-3
TEL: 090-2334-7364
E-mail: raindog@k5.dion.ne.jp
http://www.h5.dion.ne.jp/~raindog
ガイド(房総など全国、アイルランド)

●モンベルクラブ PAT稲毛店
千葉県千葉市美浜区稲毛海岸2-3-10
TEL: 043-244-2666
http://www.montbell.com
ガイド、ショップ

●レイドバック
埼玉県蕨市南町2-17-1
TEL: 048-444-1507
E-mail: laidback@warabi.ne.jp
http://www.kayak-laidback.com
ガイド、ショップ

●スパークル!
埼玉県所沢市上新井223-5
TEL: 090-1124-1351
E-mail: m.k-sparkle@nifty.com

http://homepage3.nifty.com/kayak-sparkle/
ガイド、ショップ

●アウトドアセンター長瀞
埼玉県秩父郡長瀞町長瀞1429
TEL: 0494-66-4165
E-mail: info@outdoornagatoro.com
http://www.outdoornagatoro.com
ガイド(ラフティング)、ショップ

●カヌーショップ ぱどる
埼玉県さいたま市西区三橋5-258
TEL: 048-622-9050
E-mail: paddle@nifty.com
http://www.paddle-net.com/
ショップ

●株式会社ミナミ ASR 芝浦店
東京都港区芝浦1-13-10
TEL: 03-5442-0373
E-mail: asr-shibaura@manami.co.jp
http://www.minami.co.jp
ショップ

●クーランマラン人力旅行社 関東店
東京都目黒区緑ヶ丘2-3-19-401
TEL: 0120-74-7802
E-mail: mail@courant-marin.jp
http://www.courant-marin.jp
ガイド(三浦半島、伊豆、富士五湖)

●モンベルクラブ グランベリーモール店 & F.O.店
東京都町田市鶴間3-4-1 グランベリーモール内
TEL: 042-788-3535
http://www.montbell.com
ショップ

●自然体験ガイド・ソルマル
東京都小笠原村父島字東町
TEL: 04998-2-3773
E-mail: solmar@ogasawara.or.jp
http://www.ogasawara.or.jp/solmar
ガイド(小笠原父島列島周辺)

●プーランプーランシーカヤッククラブ
東京都小笠原村父島字小曲コーヒー山
TEL: 04998-2-3386
E-mail: sennin@pelan.jp
http://www.pelan.jp
ガイド(小笠原諸島)、ショップ

●パドリングウルフ
神奈川県三浦市三崎町小網代1561
TEL: 046-880-0930
E-mail: kayak@paddlingwolf.com
http://www.paddlingwolf.com
ガイド(三浦半島)、ショップ

●しーかやっくうみうし
神奈川県三浦郡葉山町一色2255-2 葉山シーサイドテラスB号
TEL: 046-876-2291
E-mail: seakayak@umiushi.jp
http://www.umiushi.jp
ガイド(神奈川・葉山周辺)、ショップ

●カトーカヌーイングスクール

神奈川県三浦郡葉山町堀内339
TEL: 046-875-1673
E-mail: sea@katocanoe.com
http://www.katocanoe.com/
ガイド

●有限会社コア アウトフィッターズ
神奈川県横須賀市秋谷4296-5
TEL: 046-858-0180
E-mail: paddle@koa-outfitters.com
http://www.koa-outfitters.com
ガイド(三浦半島)、ショップ

●ウインドスター
神奈川県横須賀市長井2-13-24
TEL: 046-856-2607
http://members.jcom.home.ne.jp/windstar/
ガイド(三浦半島)

●湘南シーカヤックアイランド
神奈川県横須賀市芦名1-17-3
TEL: 046-855-0535
E-mail: ssi@eichel.co.jp
http://www.eichel.co.jp
ガイド(三浦半島)、ショップ

●モンベルクラブ 茅ヶ崎店
神奈川県茅ヶ崎市茅ヶ崎3-5-16 ジャスコ茅ヶ崎2F
TEL: 0467-89-0270
http://www.montbell.com
ガイド、ショップ

●ケムズ
神奈川県鎌倉市浄明寺4-19-6
TEL: 0467-24-3832
E-mail: seakayak@kemutama.com
http://www.kemutama.com
ガイド(三浦半島、葉山)

●サウスウインド
神奈川県横浜市中区海岸通4-23 相模ビル1-1
TEL: 045-222-1322
E-mail: foam8@swss.jp
http://www.swss.jp
ガイド(南伊豆、三浦半島)、ショップ

●BAJA YOKOHAMA
神奈川県横浜市神奈川区松見町2-369-36
TEL: 045-431-5083
E-mail: info@baja-yokohama.com
http://www.baja-yokohama.com
ガイド(三浦、西伊豆、沖縄ほか)、ショップ

●もあなくらぶ
神奈川県横浜市都筑区南山田3-14-18
TEL: 045-592-1521
E-mail: contact@moanaclub.com
http://www.moanaclub.com/
ガイド(葉山、真鶴半島、ニュージーランド・エイベルタズマン国立公園)、ショップ

北陸

●カヌーあいらんど
石川県七尾市能登島向田町ほ18
TEL: 0767-84-0303
E-mail:canoe-island@dab.hi-ho.ne.jp
http://www.dab.hi-ho.ne.jp/canoe-island/
ガイド(能登半島、七尾湾)、ショップ

●モンベルクラブ 金沢店
石川県金沢市本町1-5-3 リファーレ1F
TEL: 076-260-2561
http://www.montbell.com
ガイド、ショップ

中部

●西伊豆コースタルカヤックス
静岡県賀茂郡松崎町松崎323-5
TEL: 0558-42-0898
E-mail: wbs14664@mail.wbs.ne.jp
http://www2.wbs.ne.jp/~nck/index2.htm
ガイド(伊豆半島、カナダ・クイーンシャーロット)、ショップ

●近藤マリンサービス
静岡県富士郡芝川町大鹿窪940-35
TEL: 0544-67-0084
E-mail: info@konmarin.jp
http://www.konmarin.jp/
ガイド(山梨県・西湖)、ショップ

●弓ヶ浜カヌースクール
静岡県賀茂郡南伊豆町下賀茂537-12
TEL: 0558-62-4185(090-4187-5411)
E-mail: kurou@quartz.ocn.ne.jp
http://www2.ocn.ne.jp/~kamwy/school.html
ガイド(南伊豆、神子元島、伊豆諸島北部)、ショップ

●SURFACE Kayak Guide Service
静岡県賀茂郡南伊豆町湊514-3
TEL: 0558-62-2114
E-mail: mail@the-surface.com
http://www.the-surface.com
ガイド(伊豆半島)、ショップ

●SWENカヌースクール、アウトドアショップSWEN三島店
静岡県駿東郡清水町伏見広町52-7
TEL: 055-981-8520
http://www.swen.co.jp
ガイド、ショップ

●アウトドアショップSWEN富士店
静岡県富士市青葉町576
TEL: 0545-66-0075
http://www.swen.co.jp
ショップ

●アウトドアショップSWEN清水店
静岡県静岡市清水区袖師町1471-4
TEL: 054-361-1581
http://www.swen.co.jp
ショップ

●アウトドアショップSWEN袋井店
静岡県袋井市天神町1-3-1
TEL: 0538-41-2155
http://www.swen.co.jp
ショップ

●アウトドアショップSWEN浜松店
静岡県浜松市和田町883-1
TEL: 053-411-5133
http://www.swen.co.jp
ショップ

●アウトドアショップSWEN浜松市野店
静岡県浜松市天王町字諏訪1981-3
TEL: 053-411-3383
http://www.swen.co.jp
ショップ

●アウトドアショップSWENエアポートウォーク名古屋店
愛知県西春日井郡豊山町豊場林先1-8
http://www.swen.co.jp
ショップ

●RAINBOW・三河湾シーカヤックスクール
愛知県額田郡幸田町坂崎石ノ塔58
TEL: 0564-56-6266
E-mail: rainbow@sk2.aitai.ne.jp
http://www.sk.aitai.ne.jp/~k-miura/index1.htm
ガイド(三河湾)、ショップ

●株式会社楽山荘
岐阜県岐阜市日野南5-10-9
TEL: 058-240-3579
E-mail: info@rakuzanso.com
http://www.rakuzanso.com
ショップ

●ロッジ さらくわ
三重県度会郡南伊勢町新桑335
TEL: 0596-78-0206
E-mail: sarakuwa@tcp-ip.or.jp
http://www.tcp-ip.or.jp/~sarakuwa/
ガイド(古和浦湾) ※要事前申し込み

●パドルコースト
三重県度会郡度会町大野木1792-2
TEL: 0596-62-0337
E-mail: paddlecoast@cocoa.plala.or.jp
http://www1.ocn.ne.jp/~paddleco/
ガイド(紀伊半島)、ショップ

●アルガフォレスト
三重県伊勢市中村町桜が丘110-8
TEL: 0596-63-6063
E-mail: boomer@algaforest.com
http://algaforest.com/
ガイド(伊勢志摩、東紀州)

近畿

●グランストリーム
滋賀県高島市マキノ町海津605
TEL: 0740-20-2620(090-9371-3625)
E-mail: ose@granstream.jp
http://www.granstream.jp/
ガイド(若狭湾、奥琵琶湖)、ショップ

●ナチャラ
滋賀県犬上郡豊郷町沢284
TEL: 090-4642-1823
E-mail: natyara@carrot.ocn.ne.jp
http://www1.ocn.ne.jp/~natyara/
ガイド(琵琶湖、若狭湾、丹後半島、東紀州)、ショップ

●琵琶湖カヌーセンター
滋賀県大津市今堅田2-14-23
TEL: 077-574-0900
E-mail: canoe@faltpia.co.jp
http://www.faltpia.co.jp
ショップ

●アウトドアショップ "Eddy (エディー)"
和歌山県和歌山市塩屋 5-5-47
TEL: 073-447-1045
E-mail: eddy1991jp@yahoo.co.jp
http://www.geocities.jp/take540927/
ガイド(紀伊半島:和歌浦、湯浅湾、南紀白浜)、ショップ

●アイランドストリーム
和歌山県有田郡湯浅町栖原878
TEL: 0737-63-3221
E-mail: sunnyrain@nifty.com
http://www.island-stream.com
ガイド(湯浅湾など、紀伊半島全域)、ショップ

●有限会社フジタカヌー
(日本カヌー普及協会)
京都府相楽郡笠置町佐田45
TEL: 0743-95-2507
E-mail: info@fujitacanoe.com
http://www.fujitacanoe.com
ガイド(西日本、中部)、ショップ

●アウトドアカントリー錦ロイヤル
大阪府堺市堺区錦綾町2-1-18
TEL: 072-229-5536
E-mail: info@nishikiroyal.com
http://www.nishikiroyal.com/
ショップ

●バイエルン枚方店
大阪府枚方市村野高見台10-6
TEL: 072-848-9566
E-mail: bayern@n.email.ne.jp
http://www.asahi-net.or.jp/~aa9i-aok/index.html
ショップ

●株式会社アオキカヌーワークス
(リバーアドベンチャークラブ)
大阪府枚方市村野高見台10-5
TEL: 072-840-3320

E-mail: aokicanoe@kanu.co.jp
http://www.kanu.co.jp
ガイド（関西）
●PSK OUTDOORS
兵庫県尼崎市昭和通8-274
TEL: 06-6418-9338
E-mail: info@psk7.com
http://psk7.com
ガイド（浦富海岸～丹後半島）、ショップ
●アクロス瀬戸内海カヌースクール
兵庫県姫路市広畑区早瀬町2-37-2
TEL: 079-237-8739
E-mail: ax-sakai@meg.winknet.ne.jp
http://www1.winknet.ne.jp/~acrs
ガイド（瀬戸内海、日本海）
●一寸法師倶楽部
兵庫県加古郡播磨町野添南1-132
TEL: 0794-36-3335
E-mail: info@issun-boy.com
http://www.issun-boy.com/
ショップ
●ダックファミリーカヌースクール
兵庫県三田市末1330
TEL: 079-567-0889
E-mail: info@e-outdoor.net
http://www.e-outdoor.net/
スクール

中国

●ヒロ ウッデンカヌーショップ
島根県松江市東忌部町813
TEL: 0852-33-2673
E-mail: nagase1@woodencanoe.net
http://www.woodencanoe.net
ショップ
●松井カヌー店
島根県出雲市武志町743-6
TEL: 0853-21-7966（090-3376-1398）
E-mail: matsuicanoe@nifty.com
http://homepage2.nifty.com/matsuicanoe/matsui-cs1.htm
ガイド（中国、四国地方の河川、島根半島の沿岸）、ショップ
●しまねシーカヤックスクール
島根県出雲市荻杼町268-3
TEL: 0853-21-6175
E-mail: shimayak@ms12.megaegg.ne.jp
http://www.megaegg.ne.jp/~shimayak
ガイド（島根半島）
●アセンテ
岡山県岡山市京橋町4-9
TEL: 086-234-1552
E-mail: canoe@msi.biglobe.ne.jp
http://www.ascente.net
ガイド（瀬戸内海、旭川）、ショップ

●牛窓シーカヤックス
岡山県瀬戸内市牛窓町鹿忍6550 ペンションくろしお丸内
TEL: 0869-34-5755
E-mail: seakayak@ushimado.net
http://www.ushimado.net/seakayak/
ガイド（牛窓）、ショップ
●SETOUCHI Seakayak Aventuras 村上水軍商会
広島県福山市一文字町20-6
TEL: 090-8718-4141
E-mail: m-yasu@qd5.so-net.ne.jp
http://www.suigunkayak.com
ガイド（広島を中心とする瀬戸内海、ショップ
●パドル・パーク
広島県廿日市市物見東1-2-9
TEL: 0829-50-4340
E-mail: kubota@paddlepark.com
http://www.paddlepark.com
ガイド（瀬戸内、広島、宮島）、ショップ
●GI Paddlers（ギ パドラーズ）
山口県萩市川上5345
TEL: 0838-54-5115
E-mail: gi_paddlers@mac.com
ガイド（北長門海岸国定公園）、ショップ
●BONNIE BAY SEAKAYAK CENTER（EL COYOTE）
山口県長門市油谷伊上2403-8
TEL: 083-766-1014
E-mail: elcoyote1990@ybb.ne.jp
http://www.bonnie-bay.com
ガイド（山口県長門市油谷）、ショップ
●DAIDUK OCEAN KAYAKS（ダイドック オーシャン カヤックス）
山口県周南市櫛ヶ浜中磯町227-1
TEL: 0834-25-1036
E-mail: kouji-h@sirius.ocn.ne.jp
http://www13.ocn.ne.jp/~daiduk/
ガイド（山口を中心とする瀬戸内海、日本海）、ショップ

四国

●モンベルクラブ 高松店
香川県高松市香西本町1-1 イオン高松ショッピングセンター1F
TEL: 087-842-7707
http://www.montbell.com
ガイド、ショップ
●小豆島マリンハウス★シマカジ
香川県小豆郡小豆島町蒲生甲350 サンシャイン海岸
TEL: 090-4335-0251
E-mail: hochiriki@nifty.com
http://homepage3.nifty.com/naomihochi/
ガイド（小豆島周辺、瀬戸内海）、ショップ
●(有)アウトドアーズコンパス

愛媛県松山市山越5-5-11
TEL: 089-922-6457
E-mail: kompas@kompas.co.jp
http://www.kompas.co.jp/
ショップ
●アウトドアショップ ジョイン
徳島県徳島市末広2-1-119
TEL: 088-625-5593
E-mail: join@mb3.tcn.ne.jp
http://www.join-club.com/
ガイド（四国の河川）、ショップ
●BIG ONE
徳島県徳島市北沖洲4-7-10
TEL: 088-664-2497
E-mail: bigone@nmt.ne.jp
http://www.nmt.ne.jp/~bigone/
ガイド（四国東部、徳島県鳴門市）、ショップ
●HORIZON
徳島県鳴門市鳴門町土佐泊浦黒山246-29
TEL: 088-687-2711
E-mail: kayak110@nifty.com
http://www.horizon-kayak.com
ガイド（四国東部、瀬戸内海、アメリカ・メイン州）
●クーランマラン人力旅行社 四国徳島店
徳島県海部郡美波町奥河内字本村13
TEL: 0120-74-7802
E-mail: mail@courant-marin.jp
http://www.courant-marin.jp/
ガイド（徳島県南部）、ショップ

九州

●モンベルクラブ マリノアシティ福岡店＆F.O.店
福岡県福岡市西区小戸2-13-16 マリノアシティ福岡アウトレットI棟2F
TEL: 092-892-8663
http://www.montbell.com/
ショップ
●サザンワークス
福岡県福岡市南区清水 1-16-8-1F
TEL: 092-212-8339
E-mail: info@southernworks.com
http://www.southernworks.com/
ガイド（九州西海岸：福岡近辺、佐賀、長崎、鹿児島）、ショップ
●PENGUINO ペンギーノ
福岡県福岡市大野城市下大利団地47-406
TEL: 090-8835-0913
E-mail: info@penguino.jp
http://www.penguino.jp
ガイド（玄界沿岸：福岡東エリア）、ショップ
●海面ハウス
福岡県福岡市西区今津535-1

巻末データ

TEL: 092-807-4777
E-mail: genkai001@ybb.ne.jp
http://kaimen.life.coocan.jp/xoops/
ガイド（糸島半島、能古島）、ショップ
●有限会社カヌースクール九州
福岡県北九州市小倉南区大字合馬1578
TEL: 093-452-3532
E-mail: canoe-kyushu@jcom.home.ne.jp
http://www.canoe.co.jp/
ガイド（若松北海岸、青海島、錦川）、ショップ
●モンベルクラブ トリアス店＆F.O.店
福岡県糟屋郡久山町山田1238 トリアスCD棟
TEL: 092-652-3155
http://www.montbell.com
ガイド、ショップ
●アウトドアショップ・フリーダム
長崎県佐世保市元町3-8
TEL: 0956-24-8224
E-mail: info@freedom99.jp
http://www.freedom99.jp/
ガイド（九十九島）、ショップ
●Nature Shop UMIAK
　（ネイチャーショップ ウミアック）
長崎県佐世保市鹿子前町986
0956-28-1124
E-mail: umiak@hkg.odn.ne.jp
http://www1.odn.ne.jp/~umiak/
ガイド（西海国立公園 九十九島）、ショップ
●カヌーショップ カーゴ
長崎県大村市日泊町1070
TEL: 0957-50-1551
E-mail: cargo@kha.biglobe.ne.jp
http://www7b.biglobe.ne.jp/~cargo/
ガイド（長崎県西海岸、大村湾）、ショップ
●ナダカヤックス
熊本県天草市佐伊津町2407番地
TEL: 0969-22-6501
E-mail: info@nadakayak.com
http://www.nadakayak.com
ガイド（天草諸島）、ショップ
●かごしまカヤックス
鹿児島県鹿児島市油須木町888
TEL: 099-298-4259
E-mail: nomoto@k-kayaks.com
http://www.k-kayaks.com/
ガイド（南九州、カナダ）、ショップ
●ランドアート
鹿児島県姶良郡姶良町平松7233
TEL: 0995-65-7452
E-mail: nanok@land-art.co.jp
http://www.land-art.co.jp/nanok/
ガイド（錦江湾、鹿児島県周辺海域）
●アウトドアショップ遊働館
鹿児島県薩摩川内市東大小路町45-9
TEL: 0996-23-2255
E-mail: youdocan@youdocan.ne.jp

http://www.youdocan.ne.jp/
ガイド（川内川、長島）、ショップ
●有限会社屋久島野外活動総合センター
鹿児島県熊毛郡屋久島町安房2405-143
TEL: 0997-42-0944
E-mail: forest@ynac.com
http://www.ynac.com/
ガイド（屋久島沿岸）
●GULFBLUE KAYAKS
鹿児島県奄美市笠利町節田201-3
TEL: 0997-63-0457
E-mail: drimango@w3.dion.ne.jp
http://www.k4.dion.ne.jp/~gulfblue
ガイド（奄美大島）、ショップ
●海風舎
鹿児島県大島郡瀬戸内町蘇刈50-1
TEL: 0997-72-4673
E-mail: kaifusya@siren.ocn.ne.jp
http://www11.ocn.ne.jp/~kaifusya/
ガイド（奄美大島中南部、大島海峡周辺）
●シーカヤックガイド漕遊舎
鹿児島県大島郡龍郷町赤尾木224
TEL: 0997-62-5296
E-mail: souyasya@po.synapse.ne.jp
http://www5.synapse.ne.jp/souyusha/
ガイド（奄美大島周辺）

沖縄

●沖縄カヤックガイド シーキャプテン
沖縄県国頭郡恩納村字仲泊118
TEL: 098-964-6026
E-mail: info@seacaptain.jp
http://www.seacaptain.jp
ガイド（沖縄本島西岸）、ショップ
●ビッグベイ
　（Sea Kayak Tours BIGBAY）
沖縄県読谷村字高志保1046
TEL: 098-958-7000
E-mail: bigbay@m1.cosmos.ne.jp
http://www.cosmos.ne.jp/~bigbay
ガイド、ショップ
●パドリングガイド 漕店（そうてん）
沖縄県那覇市山下町4-24
TEL: 098-859-1253
E-mail: souten@h7.dion.ne.jp
http://www.souten-okinawa.com
ガイド（沖縄本島南部、慶良間諸島）
●ケラマカヤックセンター
沖縄県島尻郡座間味村座間味125-2
TEL: 098-896-4677
E-mail: keramakc@m8.dion.ne.jp
http://keramakayak.jp
ガイド（慶良間諸島全域）

●ネイチャーランド カヤックス
沖縄県島尻郡座間味村字座間味426番地
TEL: 098-987-2187
E-mail: nlkayak@abeam.ocn.ne.jp
http://www6.ocn.ne.jp/~kerama/
ガイド（慶良間諸島）
●手漕屋素潜店 ちゅらねしあ
沖縄県石垣市字白保52
TEL: 0980-86-7690
E-mail: info@churanesia.jp
http://www.churanesia.jp
ガイド（八重山諸島全域）
●有限会社エル・ビー・カヤックステーション
沖縄県八重山郡竹富町字上原870-116
TEL: 0980-85-6660
E-mail: info@lbks.jp
http://lbks.jp
ガイド（西表島）
●有限会社うみあっちゃー・シーカヤックツアーサービス海歩人
沖縄県八重山郡竹富町字南風見仲29-74
TEL: 0980-85-5980
E-mail: n-takayuki@mve.biglobe.ne.jp
http://www5a.biglobe.ne.jp/~wakers/top/
ガイド（西表島）、ショップ
●南風見（はいみ）ぱぴよん
沖縄県八重山郡竹富町字南風見508-89
TEL: 0980-85-5538
E-mail: info@haimipapillon.com
http://www.haimipapillon.com
ガイド（西表島）、ショップ

※上記の情報は、2008年9月現在のものであり、変更される可能性があります。
※モンベルでは、上記以外の全国の店舗で商品の取り扱いが可能。モンベルクラブ ファクトリー・アウトレット 長崎店、モンベルクラブ 高知店ではイベントも開催しています。

監修者あとがき

　カヤックの存在を知ったのは1993年の冬、カナダ・ロッキー山脈に滞在中のこと。当時の僕はパウダーバム、つまりスキー狂だった。カヤックでの旅を教えてくれたのは、安宿で偶然知り合ったスキー仲間のカナディアンだ。

　「この夏はカヤックで一人旅をしよう」と、雪解けが待ち遠しかった。好奇心だけはあふれるほどあったが、アウトドアの経験さえなく、カヤックの知識や技術も皆無。ロッキー山脈のふもとには、スキー学校はあってもカヤックを教えてくれるところはなかったので、まずは地元の小さな図書館でアウトドアショップを探すところから始めた。ショップでアドバイスを受けては、図書館で勉強するという繰り返し。この時ほど、カヤックについて簡単に解説やアドバイスをしてくれる初心者向けの本があったら、と思ったことはない。

　数カ月後、5,000ドル近くの大枚をはたいて、組み立て式のカヤックとキャンプ道具一式を買い揃えた。その夏は念願かなって水上の漂流者となり、2カ月間のユーコン河の旅を満喫した。

　それまでカヌーやカヤックは川や湖で漕ぐものだと思っていたが、旅が終わるころにシーカヤックの存在を知ってからは、生活の中心をシーカヤックが占めるようになっていった。それからは、最初の川旅で知り合った友人と一緒に223日間をかけて漕いだ日本列島縦断（沖縄・波照間島～北海道・宗谷岬の約4,400km）を皮切りに、国内外の数々の海を漕いできた。そして10年前、それまでに培ったものをフィードバックするべく、西伊豆でシーカヤックのレッスンやツアーを行うショップを始めた。

　シーカヤックをしたいなら、海に行けばいいだけの話だ。海は自然の楽しさも厳しさも教えてくれる。「習うより慣れろ！」と言い切りたいところだが、常に危険と隣りあわせなのは言うまでもない。いつも人間の思ったとおりにさせてもらえないのが、海の奥深さでもある。

　ここに、本書の役割があるのだと思う。「海やシーカヤックに興味があるけど、どうやってシーカヤックとの距離感を近付けたらいいか？」と思っている人の背中を、ちょこっと後押しする本になってくれればと心から願う。

　シーカヤックに乗っていると、言葉や活字では表現しがたいさまざまなことを経験し、感じることができるはずだ。「シーカヤックの楽しさはなんですか？」こう聞かれたら、迷わず「一寸先の答えは見えないこと」と僕は答える。読者の皆さんにもそれぞれの楽しさを探求し、感じ、海で過ごした時間を財産にしていただきたい。

　この本を作るにあたって協力していただいた皆さんには、本当に感謝します。どうもありがとうございました。

2008年秋
西伊豆コースタルカヤックス代表　村田泰裕

著者あとがき

　若かりし日、旅する手段を探していたときに出合ったのがファルトボート（折り畳み式のカヌー）だった。川下りから始めたが、針の穴を縫うようなコース取りに四苦八苦していたら、あっという間に海に流れ出てしまった。

　シーカヤックを始めた頃、周りは先輩ばかり。当時はカヤックはもちろん、装備も高額で、売っている場所も遊べる場所も限られていると思い込んでいた。そこで、先輩たちにあれこれ聞いて回ったり、クラブを作って会報を出したり、遊んだ場所や参加したイベントの記事をカヤック専門誌に投稿したりしていた。

　そうこうするうちに20年近くが経ち、専門誌のシーカヤック分野では最も多くの記事を寄稿するようになり、日本初のフィールドガイドブックのディレクションも行った。全国各地にはシーカヤックを通じて知り合った多くの友人ができていた。

　「あんなに小さい船で、しかも人力で海に出て行って怖くないの？」とよく聞かれる。怖い目に遭ったこともあるけれど、それ以上に得るものが多いから続けているのだと思う。危険を回避する手段も、快適に楽しむのもノウハウである。僕がシーカヤックを始めたときに知りたかったこと、知っていれば遠回りしなくてよかったことを中心にまとめたのが本書だ。

　ここに掲載しているハウツーは、僕だけが編み出したものではない。シーカヤック黎明期から、さまざまなプロと一緒に海に出ているうちに構築されたものだ。読者の方々には、これを基礎知識としてそれぞれが「自分なりのハウツー」を作ってもらえればと思っている。

　本書を出版するにあたっては、多くの方々にお世話になりました。まず、監修を引き受けてくれた「西伊豆コースタルカヤックス」の村田泰裕氏。彼は、日本屈指の遠征型エキスパートカヤッカー。ノウハウだけではなく、考え方にもいろいろと刺激を受けました。

　旧車を使って旅をするという趣味からつながりができたイラストレーター、まつやまたかし氏。シーカヤックは未経験にもかかわらず、みごとにシーカヤックの世界観を表現した表紙イラストを描いていただきました。

　そして、全国のガイドのみなさんや、長年シーカヤックを通じてかかわってきた方々にも応援やご協力をいただきました。本書に直接かかわっていなくても、皆さんとのかかわりの中でできていったノウハウや思いが反映されています。

　また、毎週末のように海に出ていた頃、文句を言わずに子供の面倒を見てくれたウチのかみさんと、モデルになってくれた子供たちにもお礼を。最後に、この思いをまとめる機会を与えてくれた舵社の方々。わがままを聞いていただき、本当にありがとうございました。

　何よりも、この本を手にした方々が、シーカヤックを通じて素敵な体験をされることを願ってやみません。それでは、どこかの海でお会いしましょう。

2008年10月　西沢あつし

西沢 あつし（にしざわ・あつし）

シーカヤックによる旅の紀行を得意とするフォトグラファー、ライター。「カヌーライフ」（エイ出版）を中心に寄稿多数。主な著書として『日本全国シーカヤッキング55Map』、『親子で楽しむSL旅行＋撮影ガイド』（山と溪谷社）。最近は旧車キャンパーの連載も持つ。2004年、カナダ観光局によるカナダメディア賞特別賞を受賞。

村田 泰裕（むらた・やすひろ）

伊豆半島・松崎の「西伊豆コースタルカヤックス」代表を務める、現役ガイド、インストラクター。1997〜8年にかけて、沖縄・波照間島〜北海道・宗谷岬までの日本列島縦断4,400kmを達成。また、2003年にはカナダ・クイーンシャーロット諸島無補給一周900kmを成功させている。

シーカヤックで海を遊ぼう
ビギナーのためのトータルガイド

2008年11月20日　初版発行
2009年6月25日　第1版第2刷発行
著者　西沢あつし
監修　村田泰裕
発行者　大田川茂樹
発行所　株式会社　舵社

〒105-0013　東京都港区浜松町1-2-17
ストークベル浜松町
TEL: 03-3434-5181
FAX: 03-3434-2640

写真　西沢あつし、山岸重彦
イラスト　まつやまたかし、高根沢恭子、石田京子
編集　堀内 藍
装丁・デザイン　鈴木洋亮
モデル　杉本亜梓、西沢匠磨、西沢勇紀

協力（敬称略・順不同）
岩本寧子、植村祐次、大城 敏、尾崎志郎、嘉藤暖博、金子タカシ、神吉柳太、草山雅之、国宗弓穂、久保田将司、北村政幸、小林真希子、紺野祐樹、佐藤末勝、末光健士、洲澤育範、鈴木和昌、柴田丈広、薛 雅春、瀧 ひとし、瀧口 宏、竹田久志、中谷哲也、永石雪絵、永田昭二、西嵐正弘、野元尚巳、橋元裕治、弘中誠人、松島泰治、三浦清風、山口浩也、村上泰弘、森山 尚、柳田勝彦、八幡 暁、山本晃市、山本 勉、株式会社阿部商会、ウォーターフィールドカヤックス、カナイ設計、興栄工業株式会社、スクープアウト、高階救命器具株式会社、ナノック、株式会社ファイントラック、株式会社モンベル

ISBN978-4-8072-1515-7
定価はカバーに表示してあります
印刷　大日本印刷 株式会社
©Atsushi Nishizawa 2008, Printed in Japan

海上保安庁図誌利用　第200028号